SUPER FACILE

Cuisine végétarienne

Ingrid
Bernard

SOLAR
EDITIONS

ÉDITO

Vous débutez en cuisine ? Vous êtes pressé par le temps ou disposez de moyens limités ? Vous ne manquerez plus d'idées pour faire face à tous les impératifs et toutes les occasions du quotidien.

Ingrid, du blog Bidule et Cocotte, végétarienne à tendance vegan, a imaginé pour vous 90 recettes super faciles de petits plats végétariens. Elle vous offre dans ce livre ses secrets pour parvenir à l'équation idéale d'une cuisine végétarienne vraiment simple, ou comment, avec peu d'ingrédients et aussi peu d'étapes, préparer des recettes variées et originales.

Découvrez ainsi l'essentiel pour élaborer des plats complets et équilibrés privilégiant les produits de saison et révélant de nouvelles associations gourmandes.

Déclinez vos envies de plats et desserts végétariens et vegan à toutes les sauces, avec des recettes qui redonneront du goût à votre cuisine de tous les jours.

Quand simplicité et saveur sont au rendez-vous, cuisiner devient...

Super facile !

SOMMAIRE

Vegan et sans gluten

SMOOTHIE *vert*

Pour 2 personnes

Préparation : 5 min

2 bananes

2 cuil. à café de jus de citron

1 branche de céleri

1 belle feuille de kale

24 cl de lait d'amande

1 cuil. à café de sirop d'agave

1 cuil. à café de brindilles de spiruline
+ un peu pour le décor

1 Lavez la branche de céleri et le chou kale. Coupez le céleri en tronçons. Ôtez la tige centrale de la feuille de chou kale et découpez-la en lamelles à l'aide de ciseaux de cuisine.

2 Mixez tous ces légumes dans le blender avec le jus de citron, le lait d'amande, l'agave et les brindilles de spiruline.

3 Versez dans 2 verres et déposez quelques brindilles de spiruline sur le dessus. Consommez sans attendre.

Les légumes et les fruits de couleur ***verte*** *sont des alliés de notre* ***vue*** *!*

Notes : ....

....

....

Vegan et sans gluten

SMOOTHIE
orange

Pour 2 personnes

Préparation : 5 min

1 grosse orange

1 carotte

1 petite pomme

1 grosse clémentine

1 cuil. à café de citron

1 Épluchez l'orange et détaillez-la en quartiers. Épluchez la carotte et la pomme et coupez-les grossièrement, puis épluchez la clémentine.

2 Déposez dans le blender tous les fruits avec la cuillerée de citron et mixez le tout. Filtrez à l'aide d'une grosse passoire ou d'un chinois, pour une texture plus onctueuse.

3 Versez ensuite dans 1 grand verre ou 2 de taille moyenne, et dégustez sans attendre.

*Riches en bêtacarotène, les fruits de couleur **orange** et **jaune** contribuent à renforcer le système immunitaire !*

Notes :

Vegan et sans gluten

SMOOTHIE « bonne humeur »

Pour 2 personnes

Préparation : 5 min

2 belles bananes

1 cuil. à soupe de poudre de lucuma de soie

12,5 cl de lait de soja vanille

160 g de fraises

1 cuil. à soupe de sirop d'agave (optionnel)

1 Déposez la poudre de lucuma au fond du blender. Ajoutez les 2 bananes épluchées et coupées en rondelles, le lait de soja vanille, les fraises lavées et équeutées. Mixez le tout et ajoutez un peu de sirop d'agave si vous préférez une boisson plus sucrée.

2 Versez dans 2 verres de taille moyenne et consommez aussitôt.

La lucuma de soie, « superaliment » issu d'un fruit péruvien, apporte de l'énergie, du réconfort et de la bonne humeur !

Notes :

Vegan et sans gluten

SMOOTHIE BOWL
à l'açai

Pour 1 personne

Préparation : 5 min

1 1/2 cuil. à soupe de baies d'açai en poudre

2 bananes

100 g de fruits rouges (cerises noires, framboises et mûres sauvages)

60 ml de lait de soja vanille

Idées topping :

1 poignée de cacao cru

1 pincée de graines de chia

1 poignée de fruits rouges (cerises noires, framboises, mûres sauvages et myrtilles)

Notes :

1 Versez dans un blender tous les ingrédients les uns après les autres (réservez quelques rondelles de bananes pour la déco), en commençant par l'açai et en terminant par le lait de soja.

2 Placez la préparation dans un bol et le décorez de rondelles de bananes, de graines de chia, de cacao cru et de fruits rouges avant de servir.

L'açai possède des vertus antioxydantes, énergisantes et fortifiantes, idéales pour bien commencer la journée !

Vegan et sans gluten

PORRIDGE
aux graines de chia

Pour 1 personne

Préparation : 10 min

Repos : 10 min

Cuisson : 5 min

1 cuil. à soupe bombée de graines de chia

80 ml de lait de noisette

1 cuil. à café d'huile de coco

1 pomme

1 banane

1/2 cuil. à café de sucre de coco

1 pincée de cannelle

éclats de cacao cru

Notes :

1 Fouettez les graines de chia avec le lait de noisette dans un petit bol. Laissez reposer 10 minutes.

2 Épluchez la pomme, coupez-la en cubes et faites-les revenir dans une poêle avec l'huile de coco pendant 5 minutes, en les retournant régulièrement, jusqu'à ce qu'ils soient tendres. Ajoutez le sucre de coco en fin de cuisson et faites mijoter quelques secondes pour le laisser fondre.

3 Écrasez la banane à la fourchette dans une assiette, puis transvasez-la au fond d'un grand verre. Versez par-dessus le mélange graines de chia-lait de noisette après l'avoir fouetté de nouveau.

4 Ajoutez les cubes de pomme encore tièdes et finissez par la cannelle et quelques éclats de cacao cru. Dégustez sans attendre.

Les graines de chia
(prononcez kia) sont riches en protéines,
en oméga 3 et en fibres !

Vegan et sans gluten

LAIT D'AMANDE
à la fleur d'oranger

Pour 1 litre

Préparation : 10 min

Repos : 1 h

140 g d'amandes décortiquées bio

2 cuil. à café d'eau de fleur d'oranger bio

1 cuil. à soupe de sirop d'agave

1 l d'eau de source

Notes :

1 Faites tremper les amandes pendant 1 heure dans de l'eau tiède, à couvert. Videz l'eau et rincez.

2 Mixez les amandes avec 1 litre d'eau de source, l'eau de fleur d'oranger et le sirop d'agave. Filtrez la préparation à l'aide d'une passoire fine et d'une étamine ou d'une chaussette à thé.

3 Essorez l'étamine ou la chaussette afin de récupérer la chair d'amande qui servira à confectionner des muffins, des tartes, etc.

4 Versez le lait d'amande dans une bouteille en verre hermétique ; il se conservera 3 jours au réfrigérateur.

*L'eau de fleur d'oranger est un **antistress** naturel !*

Vegan et sans gluten

CÉRÉALES GOURMANDES

aux sucre et nectar de coco

Pour 4 à 5 personnes

Préparation : 15 min

Cuisson : 10 min

120 g de flocons d'avoine

75 g de blé complet soufflé

50 g de noix de cajou

40 g de noisettes

40 g de cranberries séchées

50 g de chocolat à 50 %

25 g d'huile de coco vierge

1 1/2 cuil. à soupe de nectar de coco

1 cuil. à soupe de sucre de coco

Notes : ....

1 **Préchauffez** le four à 150 °C (th. 5). Hachez les noisettes et les noix de cajou, et mélangez-les dans un saladier avec les flocons d'avoine et le blé complet.

2 **Faites fondre** l'huile de coco vierge au bain-marie et incorporez-la à la préparation à l'aide d'une cuillère en bois. Ajoutez le nectar de coco, puis le sucre de coco ; mélangez bien après chaque ajout.

3 **Étalez** la préparation sur une plaque de cuisson chemisée d'un papier cuisson. Placez dans un four chaud durant 10 minutes.

4 **Hachez** le chocolat et les cranberries dans un saladier, réservez-les.

5 **Sortez du four** le mélange noix-céréales et laissez-le refroidir totalement. Versez-le ensuite dans le saladier contenant le chocolat et les cranberries, et mélangez bien le tout. Conservez ces céréales quelques jours dans un bocal en verre fermé hermétiquement, et dégustez-les avec du lait de noisette ou de soja à la vanille.

Très nutritif malgré un index glycémique assez bas,
le sucre de coco a une saveur légèrement caramélisée !

Vegan et Sans gluten

BARRES
de céréales au miel

Pour 5 barres

Préparation : 10 min

Cuisson : 10 min

Repos : 1 h

30 g de quinoa soufflé

20 g d'amandes

10 g de baies de cranberries séchées

2 cuil. à soupe de miel bio

1 cuil. à soupe de sucre de canne blond

20 g de beurre végétal (en magasin bio)

Notes :

1 **Hachez** les cranberries, mélangez-les avec le quinoa et les amandes. Réservez.

2 **Faites fondre** le miel, le sucre et le beurre, dans une casserole à feu très doux. Mélangez bien et poursuivez la cuisson pendant 5 à 7 minutes. Retirez du feu dès les premières bulles (le mélange doit être très liquide).

3 **Incorporez** petit à petit le mélange quinoa-amandes-cranberries dans la casserole de miel ; mélangez bien.

4 **Déposez** la préparation dans un moule carré tapissé de papier cuisson. Tassez-la sur une hauteur de 1,5 cm de hauteur environ. Couvrez et laissez reposer 1 heure minimum au freezer.

5 **Découpez** des barres ou des carrés et conservez-les au frais dans une boîte hermétique.

Ces barres se conserveront une semaine et régaleront petits et grands !

Vegan

ÉTOILES
aux deux olives

Pour 4 à 6 personnes

Préparation : 20 min

Cuisson : 20 min

Repos : 1 h

140 g de farine T65 bio

25 g de farine de sarrasin

50 g de beurre végétal à température ambiante (en magasin bio)

8 olives vertes dénoyautées

8 olives noires dénoyautées

1/2 cuil. à café de sel de Guérande

Notes :

1 Tamisez les farines dans un saladier ; salez. Ajoutez le beurre, mélangez, puis incorporez les olives coupées en rondelles. Travaillez la pâte jusqu'à ce qu'elle soit bien homogène. Réservez au frais, au minimum 1 heure, dans un récipient hermétique.

2 Préchauffez le four à 150 °C (th. 5). Étalez la pâte entre deux feuilles de papier cuisson pour l'amincir facilement. Retirez le papier cuisson et découpez les étoiles à l'aide d'un emporte-pièce.

3 Disposez-les sur une plaque tapissée de papier cuisson et enfournez pour 20 minutes. Laissez refroidir avant de servir.

Vous pouvez réaliser des formes différentes, au gré de vos emporte-pièce !

Vegan et sans gluten

CHIPS *de kale*

Pour 4 personnes

Préparation : 5 min

Cuisson : 10 min

100 g de chou kale (3 feuilles)

1 cuil. à soupe d'huile d'olive

1 cuil. à café de gomasio

1 Lavez les feuilles de chou kale et retirez la tige dure centrale.

2 Versez l'huile d'olive dans un saladier et ajoutez-y les feuilles de kale découpées grossièrement ; malaxez bien le tout à la main pour assouplir le chou.

3 Déposez les feuilles sur une plaque recouverte de papier cuisson.

4 Enfournez pour 10 minutes à 175 °C (th. 6), jusqu'à ce que les feuilles commencent à dorer (elles ne doivent pas griller). Laissez refroidir quelques minutes, saupoudrez de gomasio et servez aussitôt.

Notes :

Ces chips font un excellent snack,
rapide et fait maison !

MINI MADELEINES *chèvre-basilic*

Pour 4 personnes

Préparation : 15 min

Cuisson : 10 mn

50 g de farine d'épeautre T70

25 g de bûche de chèvre bio

1 œuf bio

3 cuil. à soupe d'huile d'olive bio

1 cuil. à café de basilic

1/2 cuil. à café de bicarbonate alimentaire

un peu d'huile de coco ou d'olive pour le moule

1/2 cuil. à café de sel de Guérande

Notes : ....

....

....

1 Mélangez vigoureusement dans un saladier l'huile d'olive, le sel, le bicarbonate, le basilic et l'œuf. Incorporez peu à peu la farine en la tamisant.

2 Coupez la bûche de chèvre en petits morceaux et ajoutez-les à la préparation. Remuez jusqu'à ce que le mélange soit homogène.

3 Préchauffez le four à 150 °C (th. 5, grille en haut) et huilez légèrement le moule à mini madeleines. Déposez 1 petite cuillerée à café de pâte dans chacune des alvéoles, en veillant à bien l'étaler et en enlevant le surplus.

4 Enfournez les madeleines pour 10 petites minutes (selon le four). Laissez-les un peu refroidir avant de démouler.

Surprenantes et moelleuses,
ces madeleines se dégustent tièdes ou froides !

TARTINADE
végétale tomates-basilic

Pour 4 personnes

Préparation : 10 min

100 g de tofu soyeux

50 g de tomates séchées à l'huile

4 brins de basilic

1/2 gousse d'ail (facultatif)

1/8 de cuil. à café de cumin

1/8 de cuil. à café de sel de Guérande

Notes : ....

1 Mettez dans un blender les feuilles de basilic, le tofu, l'ail, le cumin, le sel et les tomates égouttées (sans leur huile). Mixez le tout.

2 Conservez dans un pot hermétique et gardez au frais. Dégustez cette tartinade étalée sur un bon pain.

Facile à réaliser, cette tartinade permet de confectionner de délicieux petits toasts !

ARTICHAUTS
sauce pistache

Pour 2 personnes

Préparation : 5 min

Cuisson : 30 min

2 artichauts bio

Pour la sauce :

20 g de pistaches

20 g de noix de cajou

8 brins de persil plat ou frisé

3 cuil. à soupe d'huile de colza

1/4 cuil. à café de sel de Guérande

Notes :

1 Coupez entièrement la tige des artichauts et faites-les cuire à la vapeur durant 30 minutes (vérifiez la cuisson avec une lame de couteau : elle doit s'enfoncer facilement dans l'artichaut).

2 Préparez la sauce pendant ce temps : mettez dans un mixeur les pistaches, les noix de cajou concassées grossièrement, les feuilles de persil, l'huile, le sel, et mixez.

3 Servez les artichauts tièdes, accompagnés de la sauce dans laquelle vous tremperez le bout tendre des feuilles. Arrivé au cœur, ôtez-en le foin, coupez-le en morceaux et dégustez-le avec le reste de la sauce.

L'artichaut est l'ami de notre foie !

TARTE *soleil*

Pour 8 à 10 personnes

Préparation : 15 min

Cuisson : 30 min

2 pâtes feuilletées

3 cuil. à soupe de sauce tomate au basilic

30 g d'emmental râpé

lait de soja nature

sel de Guérande

1 Préchauffez le four à 175 °C (th. 6). Étalez un rouleau de pâte sur une plaque recouverte de papier cuisson.

2 Étalez la sauce tomate et l'emmental sur toute la surface, en laissant 1,5 cm de marge ; saupoudrez de sel ; humidifiez légèrement le bord. Déposez la deuxième pâte par-dessus et scellez bien les bords en les pressant entre vos doigts.

3 Badigeonnez sur toute la tarte le lait de soja, à l'aide d'un pinceau. Posez un verre à moutarde à l'envers au centre de la tarte et découpez, tout autour, des « rayons de soleil » allant jusqu'aux bords du verre. Torsadez chaque bande (4 à 6 tours), puis retirez le verre.

4 Enfournez pour 30 minutes de cuisson, puis laissez tiédir avant de déguster.

Notes :

Les « rayons » se détachent facilement pour que chacun puisse se servir !

Sans gluten

OMELETTE *espagnole*

Pour 2 à 4 personnes

Préparation : 10 min

Cuisson : 20 min

250 g de pommes de terre

3 œufs

1 oignon

2 pincées de sel

2 pincées de basilic

huile d'olive

1 Épluchez

les pommes de terre et l'oignon et coupez-les à la mandoline. Faites revenir les pommes de terre dans un peu d'huile et réservez. Procédez de la même manière avec l'oignon avant d'y ajouter les pommes de terre. Faites cuire le tout pendant 1 minute.

2 Fouettez

vigoureusement les œufs, le sel et le basilic dans un saladier. Ajoutez-y les pommes de terre et l'oignon, mélangez bien.

3 Reversez

toute la préparation dans une poêle bien huilée. Laissez cuire à feu moyen pendant quelques minutes. Lorsque les bords sont cuits, retournez l'omelette en vous aidant d'une assiette et faites cuire l'autre face à feu très doux.

4 Servez

cette omelette tiède ou froide, découpée en petits carrés pour l'apéritif !

Notes :

Cette omelette peut aussi être servie
en plat principal !

Vegan et sans gluten

FRITES
de polenta

Pour 2 ou 3 personnes

Préparation : 20 min

Cuisson : 20 min

Repos : 45 min

1 verre de polenta

1 cuil. à soupe d'huile d'olive + un peu pour le moule

1 cuil. à café de paprika doux (optionnel)

1 cuil. à café de gros sel

1 cuil. à café d'herbes de Provence

sel de Guérande

Notes :

1 **Portez à ébullition** 4 verres d'eau de source avec l'huile d'olive, le gros sel et le paprika (pour la couleur). Ajoutez la polenta en pluie tout en fouettant et continuez à remuer pendant 2 minutes. Dès qu'elle épaissit, retirez-la du feu.

2 **Versez** la polenta dans un plat rectangulaire préalablement huilé ; aplatissez-la bien. Laissez-la totalement refroidir à l'air libre ou au réfrigérateur.

3 **Préchauffez** le four à 200 °C (th. 6-7). Découpez la polenta au couteau sur toute la longueur en fines frites et déposez-les sur une plaque allant au four, tapissé de papier cuisson huilé. Badigeonnez d'huile toutes les frites à l'aide d'un pinceau et enfournez-les pour 10 à 15 minutes en les retournant à mi-cuisson.

4 **Servez** les frites chaudes ou tièdes, salées et saupoudrées d'herbes de Provence.

Ces petites frites à la semoule de maïs plairont à toute la famille !

POTATOES
de patates douces

Pour 2 personnes

Préparation : 5 min

Cuisson : 20 min

- 2 grosses patates douces (400 g)
- 2 cuil. à soupe d'huile d'olive
- 1 cuil. à café de paprika
- 1/4 cuil. à café de sel de Guérande

1 Préchauffez le four à 200 °C (th. 6-7). Lavez les patates douces, coupez-les en quatre ou plus, selon la taille.

2 Mélangez l'huile, le paprika et le sel dans un saladier. Plongez-y les patates, remuez bien le tout.

3 Baissez le four à 175 °C (th. 6). Étalez les morceaux de patates bien imbibés du mélange au paprika sur une plaque recouverte de papier de cuisson. Enfournez pour 20 minutes, en retournant les patates une ou deux fois en cours de cuisson.

4 Servez-les accompagnées d'une salade de saison.

Notes : ....

Ces patates conviennent
à tous les gourmands,
jeunes et moins jeunes !

PICKLES
rapides aux trois poivrons

Pour 1 pot

Préparation : 15 min

Repos : 1 h

100 g de mini poivrons

1 petit oignon blanc

70 ml de vinaigre d'alcool

1 cuil. à café de graines de moutarde jaune

1/4 de cuil. à café de sel de Guérande

Notes :

1 Lavez et épépinez les poivrons, puis coupez-les finement.

2 Versez 160 ml d'eau de source dans un bocal ; ajoutez-y le vinaigre, le sel, les graines de moutarde et l'oignon émincé.

3 Ajoutez les rondelles de poivrons, refermez soigneusement le bocal et laissez reposer 1 heure. Ces pickles se conservent 3 jours au réfrigérateur.

Parfait pour agrémenter un sandwich !

Vegan

TOAST à l'avocat

Pour 2 personnes

Préparation : 15 min

Pas de cuisson

1 avocat

2 à 4 tranches de pain complet (selon la taille)

huile de pépins de courge grillés

quelques radis

paillettes de spiruline

graines de courge

gomasio

1 Étalez sur chaque tranche de pain 1/2 de cuillerée à café d'huile de pépins de courge grillés.

2 Épluchez l'avocat, ôtez le noyau, coupez la chair en lamelles ou en petits morceaux ; disposez-les ou écrasez-les directement sur le pain.

3 Coupez les radis en fines rondelles. Arrosez chaque tartine d'1/2 cuillerée à café d'huile de pépins de courge, puis saupoudrez-la d'une pincée de paillettes de spiruline, de graines de courge et de gomasio. Décorez avec quelques rondelles de radis.

L'avocat est l'ami de notre ligne !

Notes :

Vegan et sans gluten

TABOULÉ
de quinoa

Pour 2 personnes

Préparation : 15 min

Cuisson : 20 min

1/2 verre de quinoa

1 mini poivron jaune

1 tomate (bien mûre)

1 petit concombre

1/4 botte de persil plat

1 cuil. à soupe d'huile d'olive

1 cuil. à soupe d'huile de colza

1/2 cuil. à soupe de jus de citron

sel de Guérande

1 Mettez le quinoa dans une casserole avec deux fois son volume d'eau bouillante ; laissez cuire à feu doux jusqu'à ce que les grains éclatent, libérant le germe. Laissez-le refroidir.

2 Lavez et épépinez la tomate, le concombre et le poivron et coupez-les en petits dés.

3 Lavez et essorez le persil plat et coupez finement les feuilles aux ciseaux.

4 Mettez dans un saladier les huiles, le jus de citron, le sel, le persil, les légumes coupés en dés et le quinoa. Mélangez bien le tout.

5 Préparez le taboulé un peu à l'avance pour que le quinoa s'imbibe bien de la sauce et du jus des légumes. Servez bien frais.

Notes :

Personnalisez cette recette selon vos envies :
coriandre, oignon...

ASSIETTE *du Buddha*

Vegan et sans gluten

Pour 2 personnes

Préparation : 15 min

Cuisson : 45 min

1/2 verre de riz noir Nérone

4 cuil. à soupe de pois chiches (en bocal)

200 g de tomates rouges, jaunes, vertes, orange

2 mini poivrons (ou 40 g de poivron classique)

1/2 concombre

10 radis

quelques feuilles de salade verte

quelques petits cornichons

quelques olives vertes et noires

Pour la sauce

10 brins de persil

2 brins de basilic

1 oignon rouge

1 petite gousse d'ail

4 cuil. à soupe d'huile d'olive

1 cuil. à soupe de jus de citron

sel de Guérande

1 Portez à ébullition 1 verre d'eau de source salée ; faites-y cuire le riz nérone pendant 45 minutes, à feu moyen et sans couvrir.

2 Préparez 2 assiettes creuses et tapissez le fond de quelques feuilles de salade. Lavez et coupez les tomates, les poivrons et le concombre en rondelles ; répartissez-les dans les assiettes.

3 Lavez les radis, coupez-les en lamelles dans le sens de la hauteur ; répartissez-les dans les assiettes ; égouttez et rincez les pois chiches, ajoutez-les dans les assiettes avec le riz (tiède ou froid). Coupez en rondelles quelques cornichons et olives et disposez-les par-dessus.

4 Préparez la sauce : lavez les feuilles de persil et de basilic, coupez grossièrement l'oignon ; mettez-les dans un petit blender en y ajoutant l'ail, l'huile d'olive, le jus de citron et le sel. Mixez-les.

5 Servez dans deux coupelles en accompagnement des 2 assiettes.

Vous pouvez remplacer
les pois chiches
par des falafels !

Vegan et sans gluten

SALADE
de riz green

Pour 2 personnes

Préparation : 15 min

Cuisson : 15 min

1/2 verre de riz basmati semi-complet

100 g ou 2 poignées de haricots verts extrafins

100 g de petits pois

1 avocat

4 brins d'estragon

2 cuil. à café de spiruline en paillettes

Pour la vinaigrette

2 1/2 cuil. à soupe d'huile de tournesol bio

1/2 cuil. à soupe de vinaigre de riz

sel de Guérande

1 Portez à ébullition 1 casserole d'eau de source salée ; faites-y cuire le riz pendant 15 minutes, à feu moyen et sans couvrir. Réservez.

2 Écossez les petits pois. Équeutez les haricots verts. Plongez-les dans une casserole d'eau bouillante salée et laissez cuire 8 à 10 minutes, égouttez-les puis passez-les sous l'eau froide.

3 Mélangez dans un saladier les ingrédients de la vinaigrette. Ajoutez les haricots coupés en quatre, les petits pois, l'avocat coupé en cubes, les feuilles d'estragon hachées et le riz. Mélangez bien le tout.

4 Saupoudrez votre salade de paillettes de spiruline.

La spiruline augmente la population de lactobacilles dans l'appareil digestif, qui favorisent l'équilibre de la flore intestinale.

Vegan et Sans gluten

SALADE
aux deux crudités

Pour 2 personnes

Préparation : 15 min

Cuisson : 5 min

2 carottes

1 betterave

5 noix fraîches

2 œufs

1 cuil. à soupe d'huile de sésame grillé

1 cuil. à soupe d'huile d'olive

1/2 cuil. à soupe de vinaigre de riz

1 cuil. à café de jus de citron

1 échalote

sel de Guérande

Notes :

1 Plongez les œufs dans une casserole d'eau, portez à ébullition et laissez cuire 5 minutes. Réservez.

2 Préparez l'assaisonnement : dans un saladier, mélangez les huiles, le vinaigre, le jus de citron, l'échalote émincée et le sel.

3 Épluchez les carottes et la betterave, râpez-les et mettez-les dans le saladier avec la sauce. Cassez les noix, hachez-les grossièrement et ajoutez-les aux crudités. Mélangez bien le tout.

4 Écalez les œufs. Servez la salade accompagnée d'un œuf dur coupé en deux.

Les noix sont riches en vitamines B6 (bien-être) et en oméga 3 (antidéprime) !

Vegan et sans gluten

SALADE de jeunes pousses d'épinards

Pour 2 personnes

Préparation : 15 min

Cuisson : 4 ou 5 min

100 g de jeunes pousses d'épinards

1 betterave rouge de taille moyenne

2 carottes de taille moyenne

2 cuil. à soupe de graines de tournesol

Pour la vinaigrette :

1 1/2 cuil. à soupe d'huile de sésame grillé

3/4 cuil. à soupe d'huile d'olive

1 cuil. à café de jus de citron

1 petite échalote

sel de Guérande

1 Torréfiez les graines de tournesol dans une poêle, à sec, pendant 4 ou 5 minutes. Lavez les carottes et la betterave, épluchez-les si elles ne sont pas bio, et râpez-les.

2 Préparez l'assaisonnement en mélangeant tous les ingrédients après avoir émincé l'échalote ; ajoutez les jeunes pousses d'épinards, les carottes et la betterave râpées. Remuez bien le tout.

3 Saupoudrez des graines de tournesol torréfiées et servez aussitôt.

*Consommez la salade d'épinards **sans attendre**, pour qu'ils n'aient pas le temps d'absorber tout l'assaisonnement.*

Vegan et sans gluten

SALADE de pain rassis

Pour 4 ou 6 personnes
Préparation : 15 min
Pas de cuisson

200 g de pain rassis
2 branches de basilic
2 mini poivrons à croquer
1 oignon rouge
1/2 concombre
2 tomates bien mûres
4 cuil. à soupe d'huile d'olive
2 cuil. à soupe d'huile de colza
3/4 de cuil. à soupe de vinaigre de cidre
1 cuil. à café de jus de citron
sel de Guérande

Notes : ....

1 Cassez la miche de pain en plusieurs gros morceaux et trempez-les dans un peu d'eau de source pendant quelques secondes. Essorez-les soigneusement, recoupez-les en petits morceaux et réservez.

2 Préparez la sauce : dans un saladier, versez les huiles, le vinaigre, le jus de citron et salez généreusement. Ajoutez l'oignon émincé finement et les feuilles de basilic.

3 Coupez les tomates en rondelles, puis en quatre ; procédez de même avec le concombre ; ajoutez les crudités à la sauce avec les morceaux de pain.

4 Émincez les poivrons et ajoutez-les à la préparation avec le pain. Mélangez soigneusement le tout afin que le pain s'imbibe bien de la sauce.

Parfait pour utiliser le pain rassis !

Vegan et sans gluten

SALADE
d'asperges vertes

Pour 2 personnes

Préparation : 15 min

Cuisson : 15 min

400 g d'asperges vertes

quelques feuilles de laitue frisée

1 avocat

quelques radis (optionnel)

125 g de tofu aux herbes

huile de coco vierge

Pour l'assaisonnenement :

3 cuil. à soupe d'huile d'olive bio

4 brins de ciboulette

1 gousse de cardamome

sel de Guérande

Notes : ....

....

....

1 Lavez et épluchez délicatement les asperges en ôtant le bas de la tige (partie la plus dure). Faites-les cuire 10 minutes à la vapeur (testez la cuisson avec une lame de couteau).

2 Découpez le tofu en petits dés et faites-les sauter à la poêle avec un peu d'huile de coco pendant 3 ou 4 minutes en remuant régulièrement. Réservez.

3 Préparez l'assaisonnement : lavez la ciboulette et découpez-la finement ; broyez les graines de cardamome dans un mortier ; mélangez avec l'huile d'olive et salez généreusement.

4 Épluchez et coupez l'avocat en tranches dans le sens de la longueur.

5 Préparez 2 assiettes ; dans chacune d'elles, déposez 3 feuilles de laitue, la moitié des asperges, un demi-avocat, la moitié du tofu et si, vous le souhaitez, quelques rondelles de radis. Servez avec la sauce.

Les asperges vertes
ont plus de goût
que les blanches !

Vegan et sans gluten

SALADE *aux trois lentilles*

Pour 1 ou 2 personnes

Préparation : 15 min

Cuisson : 30 min

1/4 de tasse de lentilles noires beluga

1/4 de tasse de lentilles marron de champagne

1/4 de tasse de lentilles corail

1/2 oignon rouge

1 courgette

1 cuil. à soupe d'huile d'olive

1 petit poivron

Pour l'assaisonnement :

2 cuil. à soupe d'huile d'olive

2 cuil. à soupe d'huile de colza

1 cuil. à café de jus de citron

4 brins de persil

sel de Guérande

1 Plongez les lentilles noires et marron ensemble dans 360 ml d'eau salée (2 fois leur volume environ) et portez à ébullition ; faites cuire à couvert et à feu moyen jusqu'à ce que les lentilles aient absorbé toute l'eau (30 minutes environ). Réservez.

2 Procédez de même avec les lentilles corail : plongez-les dans 120 ml d'eau salée, portez à ébullition puis faites cuire pendant 10 minutes.

3 Émincez finement l'oignon et faites-le revenir dans une poêle avec l'huile d'olive ; râpez la courgette et ajoutez-la à l'oignon ; laissez cuire à couvert et à feu moyen pendant 5 bonnes minutes.

4 Mélangez tous les ingrédients de l'assaisonnement dans un saladier : ajoutez toutes les lentilles et le mélange oignon-courgette. Remuez bien l'ensemble. Coupez le poivron en fines rondelles et servez-les avec la salade de lentilles pour y ajouter du croquant.

Cette salade est une bonne
source de protéines
végétales et de fibres,
pour faire le plein d'énergie !

Vegan

SOUPE
au petit épeautre

Pour 4 à 5 personnes

Préparation : 20 min

Cuisson : 45 min

1 verre de petit épeautre

2 carottes

1 petit brocoli

1 navet

1 branche de céleri

1 poireau

1 gros oignon

2 cuil. à soupe d'huile d'olive

1 cube de bouillon de légumes

curcuma

sel de Guérande

Notes : ....

1 Coupez finement l'oignon et faites-le revenir avec l'huile d'olive dans un faitout. Hors du feu, ajoutez le petit épeautre rincé, 1,50 l d'eau de source et le bouillon de légumes ; salez et faites cuire 20 minutes.

2 Lavez et coupez finement tous les légumes et ajoutez-les à la préparation. Poursuivez la cuisson 5 minutes à feu vif et 20 minutes à feu moyen.

3 Servez avec une pincée de curcuma.

Le petit épeautre, peu calorique, est un allié ***minceur*** *!*

Vegan et sans gluten

SOUPE à la tomate

Pour 2 personnes

Préparation : 10 min

Cuisson : 15 min

4 tomates (560 g)

3 brins de basilic

150 g d'oignons blancs

3 cuil. à soupe d'huile d'olive

2 cuil. à soupe de double concentré de tomates

1 cuil. à café de gros sel gris

25 cl d'eau de source

1 Faites revenir les oignons dans le faitout avec l'huile d'olive. Lavez et coupez les tomates en quatre, puis en deux ; ôtez la partie dure centrale.

2 Lavez les brins de basilic et conservez uniquement les feuilles. Ajoutez-les avec tous les autres ingrédients dans le faitout par-dessus les oignons et faites cuire le tout pendant 10 minutes.

3 Mixez la préparation avant de servir.

Pour plus de douceur servez avec de la crème végétale !

Notes :

Vegan et sans gluten

SOUPE
au pistou

Pour 6 personnes

Préparation : 20 min

Cuisson : 1 h 15

110 g de haricots blancs lingots

110 g de haricots azuki

100 g de tofu fumé

250 g de carottes

600 g de potimarron

50 g de coquillettes semi-complètes

1 grosse tomate

5 brins de basilic

2 gousses d'ail

2 cuil. à soupe d'huile d'olive

sel de Guérande

Notes :

1 Faites cuire à feu moyen les haricots blancs et les haricots azuki dans un faitout avec un grand volume d'eau pendant 45 minutes. Quand ils sont cuits, videz toute l'eau et laissez les haricots dans le faitout.

2 Épluchez et coupez en dés les carottes et le potimaron ; ajoutez-les aux haricots avec 1,25 litre d'eau de source et salez généreusement. Faites cuire le tout pendant 25 minutes.

3 Épluchez la tomate, épépinez-la et mixez-la avec les feuilles de basilic, l'ail et l'huile d'olive. Coupez le tofu en dés.

4 Versez dans le faitout la tomate mixée, le tofu et les coquillettes et faites cuire pendant 5 minutes. Servez bien chaud.

Une soupe parfaite
pour le déjeuner !

Vegan et sans gluten

SOUPE aux légumes d'été

Pour 4 personnes

Préparation : 30 min

Cuisson : 30 min

1 oignon

2 carottes

1 pomme de terre

1 tomate

310 g de petits pois (130 g une fois écossés)

200 g de haricots fins (120 g une fois épluchés)

200 g d'épinards

1 cube de bouillon de légumes bio

huile d'olive

sel de Guérande

Notes : ....

....

....

1 Écossez les petits pois et les haricots verts en les coupant en trois. Émincez l'oignon et faites-le revenir avec un peu d'huile dans un faitout. Pelez les carottes et la pomme de terre et coupez-les en petits morceaux. Ajoutez dans le faitout les petits pois et les morceaux de haricots, de carottes et de pomme de terre avec le bouillon de légumes et 1 litre d'eau de source.

2 Lavez les épinards après avoir ôté la tige du milieu ; découpez-les en grosses lamelles avec des ciseaux de cuisine.

3 Épluchez la tomate, évidez-la et coupez-la en cubes. Ajoutez les épinards et la tomate pour les 5 dernières minutes de cuisson. Vérifiez l'assaisonnement et servez bien chaud.

Plus rapide :
utilisez des petits pois
et des haricots fins
congelés bio !

Vegan et sans gluten

SOUPE de chou chinois

Pour 2 personnes

Préparation : 20 min

Cuisson : 20 min

1/2 chou chinois

2 carottes

1 bulbe de céleri (taille moyenne)

1 petit navet

1 petit oignon

100 g de pois chiches en pot

1 cube de bouillon de légumes

huile d'olive

gros sel gris

Notes : ......

1 Émincez l'oignon et faites-le revenir avec un peu d'huile d'olive dans un faitout.

2 Épluchez les carottes et le navet et coupez-les en cubes. Coupez finement le bulbe de céleri en ôtant la partie centrale ; lavez le chou chinois et coupez-le en morceaux.

3 Ajoutez tous les légumes dans le faitout avec 1 litre d'eau de source et le bouillon de légumes ; salez. Ajoutez les pois chiches pour les 5 dernières minutes de cuisson. Servez bien chaud accompagné de pain frais.

*Vous pouvez remplacer les pois chiches par des **petites pâtes** !*

Vegan et sans gluten

SOUPE
de carotte, courge, potiron

Pour 2 à 3 personnes

Préparation : 20 min

Cuisson : 20 min

250 g de carottes

250 g de courge

500 g de potiron

1 petit oignon rouge

1 bouillon de légumes

1 cuil. à soupe d'huile d'olive

gros sel gris

1 Hachez finement l'oignon et faites-le revenir avec l'huile dans un faitout.

2 Épluchez les carottes ; épluchez et épépinez le potiron et la courge. Coupez ces légumes en morceaux puis ajoutez-les à l'oignon avec 75 ml d'eau de source, le bouillon de légumes ; salez. Laissez mijoter une vingtaine de minutes.

3 Passez le tout à la moulinette ou au mixeur une fois cuit et servez accompagné de crème de soja.

Une soupe riche en vitamine A !

Notes :

Vegan et sans gluten

SOUPE
de légumes aux lentilles corail

Pour 2 personnes

Préparation : 10 min

Cuisson : 20 min

1 belle carotte

1 gros panais

1/2 oignon

3 cuil. à soupe de lentilles corail

1 bouillon de légumes

huile d'olive

curcuma (optionnel)

gros sel gris

Notes : ....

....

....

1 Faites revenir l'oignon coupé finement avec de l'huile d'olive dans un faitout.

2 Épluchez et coupez en cubes la carotte et le panais. Ajoutez-les dans le faitout avec 50 cl d'eau de source, du sel et le bouillon de légumes.

3 Lavez les lentilles corail et ajoutez-les dans le faitout pour les 10 dernières minutes de cuisson.

4 Servez parsemé de curcuma ou une autre épice de votre choix.

Riche en fibres et en antioxydant, le panais, proche cousin de la carotte, se consomme cru ou cuit !

Vegan et sans gluten

SOUPE
au cresson

Pour 2 personnes

Préparation : 20 min

Cuisson : 20 min

1 bouquet de cresson

130 g de navet

280 g de pommes de terre

1 cube de bouillon de légumes bio

huile d'olive

gros sel gris

1 **Lavez** soigneusement le cresson après en avoir ôté les tiges. Épluchez le navet et les pommes de terre puis coupez-les en morceaux. Mettez le tout dans un faitout avec 75 ml d'eau de source et le bouillon de légumes ; salez.

2 **Portez** à ébullition et maintenez à petits bouillons pendant une vingtaine de minutes, jusqu'à ce que le navet soit tendre.

3 **Passez** la soupe à la moulinette et servez-la arrosée d'un filet d'huile d'olive.

Une soupe riche en vitamine C !

Notes :

Vegan et sans gluten

SOUPE aux légumes d'hiver

Pour 5 personnes

Préparation : 15 min

Cuisson : 20 min

1 gros navet

200 g de poireaux

200 g de pommes de terre

500 g de chou

1 oignon jaune

2 ou 3 cubes de bouillon de légumes

huile d'olive

sel de Guérande

1 Faites revenir l'oignon émincé avec un peu d'huile d'olive dans un faitout.

2 Lavez tous les légumes et coupez-les en petits morceaux ; ajoutez-les dans le faitout avec 1,5 l d'eau de source et le bouillon de légumes ; salez.

3 Stoppez la cuisson dès que les légumes sont tendres. Moulinez ou mixez la soupe, selon votre goût.

Une soupe riche en cuivre et en soufre !

Notes :

QUICHE
aux légumes d'été

Pour 4 à 6 personnes

Préparation : 15 min

Cuisson : 45 min

1 pâte brisée bio

1 poivron jaune (200 g)

3 courgettes (300 g)

250 g de tomates cerises

2 oignons rouges (150 g)

2 cuil. à soupe d'huile d'olive

3 œufs

2 cuil. à soupe de crème de soja

2 cuil. à café de fécule de maïs

50 g d'emmental râpé

2 cuil. à café de moutarde à l'ancienne

1/2 cuil. à café de sel de Guérande

un peu de thym (optionnel)

1 Coupez les oignons à la mandoline et faites-les revenir avec l'huile dans une poêle à feu moyen pendant 2 minutes. Ajoutez le poivron et les courgettes coupés finement, et laissez cuire 10 minutes.

2 Étalez la pâte et foncez-en un moule à tarte couvert de papier cuisson. À l'aide d'une fourchette, percez de petits trous la surface de la pâte. Préchauffez le four à 200 °C (th. 6 7).

3 Coupez en deux les tomates cerises. Mélangez vivement les œufs, la crème de soja, l'emmental râpé, la fécule, le sel, la moutarde et le thym.

4 Étalez les légumes au fond de la tarte et disposez par-dessus les tomates cerises, face coupée vers le haut. Nappez le tout de la préparation aux œufs.

5 Enfournez pour 30 minutes.

Accompagnez
cette quiche d'une grosse
salade verte !

Vegan

MINI CALZONES
courgette-tofu aux herbes de Provence

Pour 4 à 6 personnes

Préparation : 20 min

Cuisson : 25 min

2 pâtes à pizza bio

125 g de tofu aux herbes

1 courgette

1 petit oignon rouge

8 olives vertes ou noires

1 cuil. à soupe de concentré de tomates

1 cuil. à soupe d'huile d'olive

1/4 cuil. à café d'herbes de Provence

lait de soja nature

sel de Guérande

Notes : ....

1 **Lavez et coupez** très finement la courgette en rondelles puis en quatre, mettez-les dans un saladier. Ajoutez l'oignon émincé, le tofu coupé en petits dés, les olives coupées en fines rondelles, puis l'huile d'olive, le concentré de tomates, les herbes de Provence et le sel. Mélangez bien le tout.

2 **Préchauffez** le four à 175 °C (th. 6). Étalez très finement les 2 pâtes à pizza ; à l'aide d'un emporte-pièce ou d'un bol, découpez-y des ronds de 11 à 12 cm de diamètre. Déposez les ronds sur une plaque recouverte de papier cuisson, puis humidifiez les bords en y passant un doigt trempé dans l'eau.

3 **Versez** un peu de préparation à la courgette sur la moitié de chaque cercle (sans aller jusqu'au bord), et pliez par-dessus l'autre moitié de pâte ; scellez bien les bords à l'aide d'une fourchette.

4 **Badigeonnez** délicatement, à l'aide d'un pinceau, le lait de soja sur la surface des calzones. Enfournez pour 25 minutes environ. Dégustez-les chauds ou tièdes, accompagnés d'une salade verte.

Variez les garnitures !
Champignons,
aubergine, « fromage » vegan...

VEGGIE *burger*

Vegan

Pour 4 personnes

Préparation : 15 min

Cuisson : 20 min

4 buns bio (petits pains pour hamburger)

Pour les galettes :

1/2 tasse de lentilles corail
2 carottes
1/2 oignon rouge
2 cuil. à soupe d'huile d'olive + un peu pour la poêle
100 g de pois chiches en bocal
1/2 cuil. à café de cumin
1/2 cuil. à café de gomasio
1 cuil. à soupe de tahin
2 cuil. à café de farine de pois chiches + un peu pour rouler
gros sel gris

Pour la sauce :

5 cuil. à soupe de yaourt de soja
2 cuil. à café de tahin (purée de sésame)
1 cuil. à café de jus de citron
1/4 cuil. à café de cumin
sel de Guérande

Pour la garniture :

2 petites tomates
1/2 oignon rouge
1/2 concombre
4 feuilles de salade
graines germées d'alfalfa

1 Plongez les lentilles dans 1 tasse d'eau de source salée et portez à ébullition ; faites cuire à couvert et à feu moyen jusqu'à ce que les lentilles aient absorbé toute l'eau (10 minutes environ). Réservez.

2 Émincez finement l'oignon et faites-le revenir dans une poêle avec l'huile d'olive ; râpez les carottes et ajoutez-les à l'oignon ; laissez cuire 5 bonnes minutes à feu doux, en couvrant et en remuant régulièrement, le temps que les carottes soient bien tendres. Réservez.

3 Rincez les pois chiches, ôtez leur peau ; mettez-les dans un mixeur avec les lentilles, le cumin, le gomasio, le tahin et la farine de pois chiches. Mixez, puis rajoutez le mélange oignon-carottes ; mixez de nouveau rapidement.

4 Divisez la préparation en 4 portions. Formez une boule avec chacune des portions, aplatissez-la pour faire une galette, enrobez-la de farine de pois chiches et faites-la revenir dans une poêle bien huilée, quelques minutes sur chaque face.

5 Préparez la sauce en mélangeant bien tous les ingrédients.

6 Assemblez le burger : coupez les buns en deux. Coupez l'oignon, les tomates et le concombre en fines rondelles. Sur la moitié du dessous, déposez dans l'ordre : 1 feuille de salade, 1 galette végétale, quelques rondelles d'oignon rouge et de concombre ; étalez un peu de sauce, déposez par-dessus des rondelles de tomates, et terminez par une poignée d'alfalfa.

Très décoratives,
les graines germées
ont aussi une très haute
valeur nutritive !

Sans gluten

MINI FLAN *printanier*

Pour 4 personnes

Préparation : 20 min

Cuisson : 30 min

150 g de petits pois

150 g de haricots verts

2 carottes

1 gros oignon blanc

3 œufs bio

20 cl de crème de soja

1 cuil. à soupe d'huile d'olive + un peu pour les ramequins

1 brin de basilic

1 cuil. à soupe de fécule de maïs

40 g d'emmental râpé

sel de Guérande

Notes :

1 Coupez les carottes en dés et les haricots verts en trois. Plongez-les avec les petits pois écossés dans de l'eau bouillante pendant 5 minutes ; égouttez. Faites revenir dans l'huile l'oignon coupé en petits dés.

2 Mélangez vigoureusement les œufs, la fécule, l'emmental et le basilic haché ; salez généreusement. Ajoutez la crème de soja et mélangez de nouveau. Incorporez à ce mélange les légumes et l'oignon.

3 Préchauffez le four à 175 °C (th. 6). Répartissez la préparation dans des ramequins huilés et enfournez-les pour 25 minutes de cuisson. Servez accompagné d'une salade ou en apéritif !

Les légumes congelés conviennent aussi pour ces mini flans !

Vegan

COUSCOUS *complet*

Pour 2 ou 3 personnes

Préparation : 15 min

Cuisson : 20 min

Pour la garniture :

1 courgette

2 carottes

1 petit bulbe de fenouil

1/2 poivron rouge

1 oignon rouge

140 g de pois chiches bio en bocal

2 cuil. à soupe d'huile d'olive

2 cuil. à soupe de ras-el-hanout

sel de Guérande

Pour la graine :

1 verre de couscous complet

1 cuil. à soupe d'huile d'olive

20 g de beurre végétal

paprika (optionnel)

1 Épluchez et émincez finement l'oignon rouge ; faites-le revenir dans l'huile d'olive pendant 5 minutes.

2 Épluchez la courgette et les carottes (si elles ne sont pas bio). Ôtez les parties dures du fenouil. Coupez ces légumes en petits dés ainsi que le poivron. Ajoutez-les dans la poêle contenant l'oignon avec les pois chiches. Saupoudrez le ras-el-hanout, laissez dorer quelques instants. Ajoutez 60 ml d'eau de source, salez et portez à ébullition. Dès les premiers bouillons, diminuez le feu et continuez la cuisson.

3 Mettez le couscous dans un saladier ; versez par-dessus 1 verre et demi d'eau de source bouillante et salée ; remuez bien pour détacher les grains. Couvrez immédiatement et laissez reposer 5 minutes ; continuez à remuer de temps en temps pendant la durée du repos. Ajoutez le beurre et le paprika, mélangez bien.

4 Arrosez le couscous d'un filet d'huile d'olive, saupoudrez de paprika ou d'autres épices selon votre goût, et servez-le avec sa garniture de légumes.

Version rapide,
copieuse
et savoureuse...

ŒUFS cocotte

Sans gluten

Pour 2 personnes

Préparation : 10 min

Cuisson : 20 min

1 courgette (150 g)

3 mini poivrons (60 g)

4 tomates cocktail (90 g)

2 œufs

1 cuil. à soupe de concentré de tomates

1 échalote

2 cuil. à soupe huile d'olive

1/2 cuil. à café de cumin

Notes :

1 Lavez la courgette et les poivrons. Coupez la courgette en rondelles puis en quatre. Émincez les poivrons et l'échalote.

2 Faites revenir les légumes dans une poêle avec l'huile d'olive, pendant 5 ou 6 minutes. Hors du feu, ajoutez le concentré de tomates, le cumin, les tomates cocktail coupées en quatre ; mélangez bien.

3 Préchauffez le four à 175 °C (th. 6). Répartissez la préparation dans 2 ramequins allant au four. Creusez un puits dans chacun d'eux pour y déposer 1 œuf.

4 Enfournez pour une dizaine de minutes. Servez dès que le blanc de l'œuf est cuit.

Servez avec des mouillettes de pain beurré !

Sans gluten

RATATOUILLE
et son omelette aux herbes

Pour 4 personnes

Préparation : 20 min

Cuisson : 30 min

Pour la ratatouille :

600 g de tomates
1 gros oignon
2 courgettes
1 aubergine
2 belles pommes de terre
4 cuil. à soupe d'huile d'olive
+ un peu pour la poêle
5 feuilles de sauge
gros sel gris

Pour l'omelette :

12 brins de ciboulette
4 œufs bio
sel de Guérande

Notes : ....

....

....

1 Épluchez les pommes de terre, lavez-les ainsi que les tomates, les aubergines et les courgettes. Coupez tous ces légumes en fines rondelles.

2 Épluchez et coupez l'oignon en petits dés ; faites-les revenir dans un faitout avec l'huile d'olive et les tomates. Ajoutez tous les autres légumes et les feuilles de sauge, versez 20 cl d'eau de source, salez et laissez mijoter 25 minutes environ.

3 Cassez les œufs dans un saladier et battez-les. Hachez les brins de ciboulette, ajoutez-les aux œufs, salez, battez de nouveau. Huilez une poêle et faites-y cuire l'omelette. Couvrez et retournez délicatement à mi-cuisson.

4 Servez cette omelette accompagnée de la ratatouille.

Surprenez vos invités
en présentant
votre omelette roulée
et coupée en tronçons !

TOMATES
farcies aux cinq céréales

Pour 2 personnes

Préparation : 15 min

Cuisson : 40 min

2 tomates à farcir

1 petit oignon

1 cuil. à soupe d'huile d'olive + un peu pour les tomates

1 cuil. à soupe de parmesan

1/2 cuil. à café de basilic

quelques olives vertes

1 verre de mélange cinq céréales bio (épeautre, orge, riz, kamut, avoine, par exemple)

sel de Guérande

Notes : ....

....

....

1 Portez à ébullition 2 verres d'eau de source salée et plongez-y les céréales ; faites cuire à feu moyen, sans couvrir, pendant 10 minutes à partir de la reprise de l'ébullition. Réservez.

2 Coupez le « chapeau » de chaque tomate et réservez. Videz délicatement les tomates à l'aide d'une cuillère à pamplemousse.

3 Émincez finement l'oignon et les olives. Mélangez dans un saladier les céréales cuites, l'oignon émincé, les olives, l'huile, le parmesan et le basilic ; salez.

4 Préchauffez le four à 175 °C (th. 6). Huilez et salez les tomates ; farcissez-les avec le mélange de céréales ; disposez-les au fond d'un plat allant au four, puis replacez le « chapeau » par-dessus. Répartissez le reste de céréales dans le plat tout autour des tomates.

5 Enfournez pour 30 minutes.

Une recette parfaite pour utiliser
un reste de céréales cuites la veille !

Vegan et sans gluten

JARDINIÈRE
de légumes nouveaux

Pour 2 personnes

Préparation : 20 min

Cuisson : 20 à 25 min

600 g de petits pois frais non écossés

8 petites carottes nouvelles

3 pommes de terre nouvelles moyennes

2 oignons blancs nouveaux

1 cuil. à soupe d'huile d'olive + un peu pour le service

gros sel gris

sel de Guérande

gomasio (facultatif)

1 Écossez les petits pois, lavez-les. Émincez les oignons et faites-les revenir dans un faitout avec l'huile d'olive.

2 Épluchez et lavez les carottes. Coupez-les en dés. Faites de même pour les pommes de terre.

3 Mettez les petits pois, les carottes et les pommes de terre dans le faitout et recouvrez d'eau. Ajoutez une pincée de gros sel.

4 Faites cuire à feu vif pendant quelques minutes et, dès les premiers bouillons, continuez la cuisson à feu moyen. Égouttez bien les petits légumes, et servez-les avec un filet d'huile d'olive, un peu de sel de guérande, ou un peu de gomasio !

*Si vous souhaitez que les petits pois soient **très cuits**, placez-les dans le faitout 5 ou 10 minutes avant d'ajouter le reste des légumes.*

Notes :

Vegan et sans gluten

TIAN
de légumes

Pour 2 personnes

Préparation : 25 min

Cuisson : 55 min

1 belle aubergine

2 petites courgettes

2 grosses tomates

1 petit poivron

1 petit oignon

1 cuil. à soupe d'huile d'olive + un peu pour le plat

3 cuil. à soupe de sauce tomate

1 cuil. à soupe de concentré de tomates

125 g de tofu aux herbes

1 brin de basilic

1 gousse d'ail

1 cuil. à café d'herbes de Provence

1 **Faites cuire** l'oignon, l'ail émincés et le poivron coupé en petits cubes dans l'huile d'olive ; réservez.

2 **Préchauffez** le four à 175 °C (th. 6). Huilez un plat à gratin et tapissez-le de sauce tomate et de concentré.

3 **Coupez** l'aubergine, les courgettes, les tomates et le tofu en fines tranches ; disposez-les verticalement en les faisant alterner ; ajoutez quelques feuilles de basilic.

4 **Répartissez** par-dessus la préparation au poivron et saupoudrez le tout d'un peu d'herbes de Provence.

5 **Enfournez** pour 45 minutes. Vérifiez surtout la consistance de l'aubergine : si elle est encore trop ferme, prolongez la cuisson de 5 minutes.

Pour faciliter la cuisson
de l'aubergine, pelez-la
dans le sens de la longueur
en laissant une bande
de peau sur deux !

PIZZA
du soleil

Pour 4 personnes

Préparation : 20 min

Cuisson : 20 min

1 pâte à pizza bio

2 ou 3 cuil. à café de concentré de tomates

1/2 oignon

1 aubergine (de belle taille)

1 ou 2 courgettes (suivant la taille)

1/2 poivron jaune

1 mozzarella

huile d'olive

sel de Guérande

Notes : ....

....

....

1 Préchauffez le four à 175 °C (th. 6). Déroulez la pâte à pizza sur une plaque de cuisson et percez-la de petits trous avec une fourchette. Versez le concentré de tomates sur la pâte et étalez-le uniformément sur toute la surface à l'aide du dos d'une cuillère.

2 Réalisez de fines tranches d'oignon à la mandoline et répartissez-les sur la pizza. Lavez l'aubergine et coupez-la en fines rondelles (environ 1/2 cm d'épaisseur) ; disposez-les sur la pâte en commençant vers l'extérieur ; elles ne doivent pas se chevaucher.

3 Procédez de la même façon avec les courgettes, en les disposant par-dessus l'aubergine. Coupez la mozzarella en dés et répartissez-les sur toute la pizza.

4 Lavez et épépinez le poivron et coupez-le en fines lamelles avant de l'étaler à son tour.

5 Versez un filet d'huile d'olive sur toute la pizza ; salez légèrement et enfournez pour 20 minutes. Laissez la pizza refroidir quelques minutes avant de la servir accompagnée d'une salade verte, par exemple.

Variez les légumes
en fonction de la saison !

VERRINES
de riz aux deux courgettes et carottes nouvelles

Pour 2 personnes

Préparation : 15 min

Cuisson : 20 min

1/2 verre de riz basmati (semi-complet)

2 courgettes (1 jaune et 1 verte)

2 carottes

curcuma (optionnel)

huile d'olive

sel de Guérande

Notes : ....

1 Faites cuire le riz dans 1 verre d'eau salée. Lavez les courgettes et coupez-les en rondelles, puis de nouveau en deux ; procédez de même pour les carottes.

2 Faites revenir les légumes à la poêle dans 2 cuillerées à soupe d'eau : d'abord les carottes, qui cuisent plus longtemps, puis les courgettes. À la fin de la cuisson, les carottes doivent être tendres. Salez à votre goût.

3 Remplissez un petit ramequin de riz en le tassant bien, renversez-le au centre d'une assiette et démoulez-le. Disposez la poêlée de légumes tout autour. Assaisonnez d'un filet d'huile d'olive et d'une pincée de curcuma. Procédez de même pour la deuxième assiette.

Pour plus de protéines, remplacez le riz par du quinoa !

Sans gluten

GRATIN
de pommes de terre et courgettes

Pour 2 à 4 personnes

Préparation : 20 min

Cuisson : 45 min

300 g de courgettes

500 g de pommes de terre

50 ml de crème de soja

100 g d'emmental râpé

beurre végétal (en magasin bio)

huile d'olive

herbes (basilic, thym, etc., au choix)

sel de Guérande

Notes :

1 Épluchez les pommes de terre et les courgettes ; émincez-les à la mandoline.

2 Préchauffez le four à 175 °C (th. 6). Huilez un plat allant au four. Déposez au fond du plat une couche de pommes de terre, puis une couche de courgettes par-dessus. Salez, parsemez d'herbes, étalez 2 cuillerées à café de crème de soja et une poignée d'emmental râpé.

3 Renouvelez l'opération jusqu'à épuisement des ingrédients, puis répartissez soigneusement le reste d'emmental sur toute la surface du gratin, parsemez-le de quelques noix de beurre végétal et enfournez pour 45 minutes.

Un gratin **léger** grâce aux courgettes !

PIZZA
tomates-chèvre

Pour 2 à 4 personnes

Préparation : 15 min

Cuisson : 20 min

1 pâte à pizza bio

1 cuil. à soupe de double concentré de tomates

2 cuil. à café de sauce tomate au basilic (optionnel)

2 ou 3 tomates

1/2 oignon jaune

1 petit oignon rouge

80 g de bûche de chèvre

quelques olives noires

basilic

huile d'olive

sel de Guérande

Notes : ....

....

....

1 Préchauffez le four à 175 °C (th. 6). Déroulez la pâte à pizza sur une plaque de cuisson et percez-la de petits trous avec une fourchette. Versez le concentré de tomates et la sauce tomate au basilic sur la pâte et étalez-les uniformément sur toute la surface à l'aide du dos d'une cuillère.

2 Réalisez de fines tranches d'oignons à la mandoline et répartissez-les sur la pizza. Lavez les tomates et coupez-les en très fines rondelles, étalez-les à leur tour en les faisant se chevaucher légèrement.

3 Coupez la bûche de chèvre en rondelles et répartissez-les sur toute la pizza ; ajoutez quelques olives dénoyautées (vous pouvez aussi les disposer en fin de cuisson).

4 Versez un filet d'huile d'olive sur l'ensemble de la pizza, salez légèrement, parsemez de basilic et enfournez pour 20 minutes. Laissez refroidir la pizza quelques instants avant de la servir.

Une pizza idéale à la pleine saison des tomates !

CAKE
rustique à la provençale

Pour 6 à 8 personnes

Préparation : 15 min

Cuisson : 40 min

200 g de farine T65
+ un peu pour le cake

100 g de bûche de chèvre

1 pot de tomates séchées
à l'huile bio (190 g)

3 œufs

50 g d'olives noires
dénoyautées

50 g d'olives vertes
dénoyautées

1 sachet de levure

huile pour le moule

sel de Guérande

Notes : ....

....

....

1 Préchauffez le four à 175 °C (th. 6). Mélangez dans un saladier la farine tamisée, la levure et le sel.

2 Incorporez les œufs un par un et 10 cl d'huile du pot de tomates séchées. Ajoutez les olives, les tomates séchées émincées et la bûche de chèvre coupée en morceaux.

3 Versez cette pâte dans un moule à cake huilé et fariné et enfournez pour 40 minutes. Laissez refroidir sur une grille avant de servir.

Un cake idéal pour les pique-niques !

BRUSCHETTA
d'été

Pour 2 personnes

Préparation : 15 min

Cuisson : 5 min

2 tranches de pain de campagne bio au levain

60 g de mozzarella

200 g de tomates (bien mûres)

4 brins de persil

1 brin de basilic

1 échalote

6 olives

huile d'olive

sel de Guérande

Notes :

1 Coupez finement les tomates, épépinez-les ; coupez la mozzarella en petits dés.

2 Toastez les tranches de pain (de 0,5 à 1 cm épaisseur) pour qu'elles soient bien croustillantes. Frottez-les avec l'échalote et arrosez-les d'huile d'olive.

3 Déposez sur chaque tranche la moitié des tomates et de la mozzarella, 3 olives coupées en rondelles, les feuilles de 2 branches de persil coupées finement et quelques feuilles de basilic.

4 Arrosez de nouveau d'un filet d'huile d'olive et saupoudrez de sel de Guérande. Dégustez aussitôt.

Idéal pour un lunch léger et gourmand !

LASAGNES *de légumes*

Pour 2 à 4 personnes

Préparation : 20 min

Cuisson : 35 min

6 feuilles de lasagne

1 courgette

1 aubergine

150 ml de sauce tomate-basilic

40 ml de concentré de tomates

6 cuil. à café de parmesan

1 boule de mozzarella

huile d'olive

basilic

sel de Guérande

Notes : ....

....

....

1 Huilez un plat allant au four (carré). Préchauffez le four à 175 °C (th. 6). Coupez la courgette et l'aubergine en fines rondelles. Mélangez la sauce tomate et le concentré.

2 Disposez des rondelles de courgette et d'aubergine au fond du plat (elles peuvent se chevaucher). Étalez un peu du mélange de tomate sur les légumes ; saupoudrez de 2 cuillerées à café de parmesan, salez, ajoutez le basilic ; recouvrez de 2 feuilles de lasagnes. Renouvelez l'opération jusqu'à épuisement des ingrédients.

3 Terminez en étalant une bonne couche de mélange à la sauce tomate ; déposez les tranches de mozzarella par-dessus et saupoudrez de sel et de basilic. Enfournez dans un four chaud à 175 °C (th. 6) pour 35 minutes.

Vous pouvez remplacer
le basilic par des herbes
de Provence !

Sans gluten

PETITES GALETTES
aux légumes et tagliatelles de courgettes

Pour 2 personnes

Préparation : 20 min

Cuisson : 30 min

200 g de pommes de terre (type bintje)

50 g de farine de maïs + un peu pour fariner les galettes

2 cuil. à soupe d'huile d'olive + un peu pour la poêle

1/4 de cuil. à café de bicarbonate

1 œuf

3 courgettes

1 échalote

sel de Guérande

1 Épluchez, lavez et coupez grossièrement les pommes de terre. Couvrez-les d'eau et faites-les cuire pendant 15 minutes environ (testez la cuisson avec une lame de couteau). Égouttez-les soigneusement dans une passoire et laissez refroidir.

2 Écrasez les pommes de terre à la fourchette. Incorporez l'œuf à cette purée, puis la farine de maïs, 1 cuillerée à soupe d'huile d'olive, le bicarbonate, 1 petite courgette préalablement râpée ; salez et mélangez.

3 Versez un peu de farine de maïs dans une assiette. Prélevez 1 grosse cuillerée à soupe de pommes de terre, faites-la tourner rapidement dans le creux de la main, puis dans la farine de maïs. Aplatissez-la légèrement pour former une petite galette. Renouvelez l'opération jusqu'à épuisement des ingrédients.

4 Faites cuire les galettes avec un peu d'huile dans une grande poêle, 2 minutes de chaque côté.

5 Lavez les 2 courgettes restantes, épluchez-les et coupez-les en fines lamelles, dans le sens de la longueur, à l'aide d'un économe. Faites revenir l'échalote dans 1 cuillerée à soupe d'huile d'olive, ajoutez les courgettes, laissez cuire à feu moyen pendant 5 minutes, puis salez. Servez aussitôt avec les galettes.

Un plat à la fois copieux et léger !

BROCHETTES *estivales*

Pour 2 personnes

Préparation : 15 min

Cuisson : 20 min

1 courgette

400 g de panisse

6 tomates cocktail

6 champignons de Paris

1 petit poivron (rouge, vert ou jaune)

huile d'olive

gomasio

Notes : ....

1 Coupez le poivron en morceaux ; coupez la courgette en deux, puis en morceaux ; coupez la panisse en rondelles, puis en quatre ; ôtez le pied des champignons. Réservez.

2 Préchauffez le four à 200 °C (th. 6-7). Prenez 6 bâtons à brochettes : sur 4 d'entre eux, piquez alternativement des morceaux de courgette, de panisse et de poivron ; sur les autres, les champignons, les tomates et également des morceaux de panisse.

3 Huilez généreusement les brochettes et enfournez-les pour 20 minutes environ, en les retournant à mi-cuisson.

4 Servez les brochettes chaudes après les avoir saupoudrées de gomasio.

*Encore meilleures au **barbecue** !*

SANDWICH
de pain pita

Pour 2 à 4 personnes

Préparation : 20 min

Cuisson : 10 min

4 pains pita
90 g de roquette
180 g de tomates cocktail
50 g de radis rouges
1/2 petit concombre
6 olives vertes et 6 noires
50 g de feta
1 cuil. à soupe d'huile d'olive
1/2 cuil. à soupe de vinaigre de riz
1 cuil. à café de jus de citron
sel de Guérande

Notes : ....

1 Mélangez dans un saladier l'huile, le vinaigre, le jus de citron et le sel. Coupez le concombre en quarts de rondelles et les tomates en gros cubes et mettez-les dans le saladier.

2 Lavez la roquette, coupez les radis en rondelles et la feta en cubes ; incorporez ces trois ingrédients au mélange précédent. Ajoutez les olives.

3 Humidifiez légèrement les deux faces de chaque pita et faites-les toaster l'une après l'autre. Ouvrez chaque pita par le haut et patientez quelques minutes pour libérer la chaleur.

4 Répartissez la salade dans les 4 pitas et dégustez aussitôt – ou emballez les sandwichs pour les emporter.

*Veillez à ne **pas trop ouvrir** les pitas pour éviter qu'elles se cassent !*

Vegan

WRAPS
de légumes au sésame

Pour 3 personnes

Préparation : 10 min

Cuisson : 20 min

6 wraps bio (galettes de blé ou tortillas)

1 courgette

90 g de tomates séchées à l'huile d'olive

1 aubergine

1 oignon rouge

2 cuil. à soupe d'huile d'olive

huile de sésame

gomasio

Notes :

1 Découpez la courgette en fines lamelles dans le sens de la longueur à l'aide d'un économe. Coupez en gros cubes les tomates séchées.

2 Épluchez l'oignon rouge et émincez-le très finement. Faites-le revenir 1 minute dans 1 cuillerée à soupe d'huile d'olive. Épluchez l'aubergine et coupez-la en dés. Ajoutez-la à l'oignon avec 1 cuillerée à soupe d'huile d'olive. Continuez la cuisson à feu doux et à couvert, en remuant régulièrement.

3 Passez quelques secondes à la poêle les tortillas l'une après l'autre, sur les deux faces, pour qu'elles redeviennent souples. Étalez au centre de chaque tortilla le mélange aubergine-oignon, une poignée de tomates séchées, 3 lamelles de courgette entortillées. Saupoudrez de gomasio et arrosez d'un filet d'huile de sésame.

4 Roulez les wraps et dégustez-les tièdes.

Un repas complet, rapide à préparer !

CROQ'MADAM
revisité

Pour 2 personnes

Préparation : 10 min

Cuisson : 10 min

- 4 tranches de pain de mie complet bio
- 2 tranches de gouda bio
- 2 œufs bio
- 1 tomate
- 2 feuilles de salade
- beurre végétal
- huile d'olive
- sel de Guérande
- 1/2 cuil. à café de cumin

1 Battez 1 œuf avec une pincée de sel et la moitié du cumin ; faites-le cuire dans une petite poêle huilée. Procédez de même avec le deuxième œuf.

2 Toastez 2 tranches de pain de mie, tartinez-les de beurre végétal. Disposez sur l'une d'elles 1 tranche de gouda et 1 omelette. Coupez la tomate en rondelles, répartissez-en quelques-unes sur l'omelette ; terminez par 1 feuille de salade, puis recouvrez avec la deuxième tranche de pain de mie.

3 Procédez de la même manière pour le deuxième croque-madame. Servez immédiatement.

*Dégustez les croque-madame accompagnés d'une belle **salade** de saison.*

Notes :

Sans gluten

FRITTATA
de brocoli, poireaux et patate douce

Pour 4 personnes

Préparation : 20 min

Cuisson : 30 min

1 brocoli

1 botte de minipoireaux (150 g) ou 1 poireau

2 petites patates douces

80 g de feta bio

4 œufs bio

huile d'olive

sel de Guérande

Notes :

1 **Épluchez** et lavez les patates douces ; coupez-les en fines rondelles puis faites-les revenir dans une poêle huilée, à couvert et à feu moyen, pendant 10 minutes (jusqu'à ce qu'elles soient tendres et dorées).

2 **Lavez et coupez** finement les poireaux et les têtes du brocoli. Faites-les revenir ensemble dans une poêle huilée, à couvert et à feu moyen, pendant 15 minutes. Remuez très régulièrement au cours de la cuisson. À mi-cuisson et hors du feu, ajoutez 2 cuillerées à soupe d'eau de source pour attendrir le brocoli.

3 **Battez** les œufs dans un grand récipient, ajoutez les cubes de feta et salez légèrement. Ajoutez tous les légumes (en réservant quelques rondelles de patates douces) et remuez bien.

4 **Huilez** la poêle (allant au four), ou le moule et versez-y l'omelette. Finissez en déposant sur le dessus les rondelles de patates douces.

5 **Enfournez** dans un four chaud à 175 °C (th. 6), grille en haut, pendant 15 minutes. Servez aussitôt la frittata accompagnée d'une salade de saison.

Une omelette italienne
haute en couleur !

QUICHE *verte*

Pour 4 à 6 personnes

Préparation : 20 min

Cuisson : 40 min

1 pâte brisée

300 g d'épinards

1 brocoli

3 petits poireaux

1 oignon

1 cuil. à soupe d'huile d'olive

2 œufs

3 cuil. à soupe de parmesan

4 cuil. à soupe de crème de soja semi-épaisse

1 cuil. à café de cumin

sel de Guérande

Notes : ....

....

....

1 Préchauffez le four à 200 °C (th. 6-7). Étalez la pâte dans un moule à tarte avec son papier cuisson. À l'aide d'une fourchette, percez de petits trous la surface de la pâte. Placez par-dessus une autre feuille de papier de cuisson, recouvrez-la de légumes secs et enfournez pour 10 minutes.

2 Faites revenir l'oignon avec l'huile d'olive dans une grande poêle. Ajoutez les épinards (après en avoir retiré les tiges centrales), le brocoli et les poireaux émincés. Versez par-dessus 60 ml d'eau de source et faites cuire pendant 20 minutes.

3 Fouettez les œufs, la crème de soja, le cumin et 2 cuillerées à soupe de parmesan dans un grand saladier. Salez, ajoutez les légumes et mélangez bien.

4 Déposez le mélange dans le fond de tarte, saupoudrez du reste de parmesan et enfournez pour 20 minutes à 200 °C (th. 6-7). Servez chaud avec une salade verte.

Cette quiche vous fera aimer les épinards !

Vegan

CHOU chinois en croûte

Pour 6 personnes

Préparation : 15 min

Cuisson : 25 min

1 chou chinois

300 g de carottes

100 g de tofu fumé

1 rouleau de pâte brisée sans beurre

1 oignon

1 cuil. à soupe d'huile d'olive

1 1/2 cuil. à soupe de fécule de maïs

45 ml de crème de soja

1/2 cube de bouillon de légumes

lait de soja nature

sel de Guérande

1 **Coupez** finement l'oignon en petits dés et faites-le revenir avec l'huile d'olive au fond du wok. Épluchez les carottes, coupez-les en rondelles, puis en quatre ; lavez et émincez le chou chinois ; déposez le tout dans le wok.

2 **Versez** en pluie la fécule de maïs sur les légumes, mélangez soigneusement. Ajoutez la crème de soja, le cube de bouillon de légumes émietté, le tofu fumé coupé en dés ; salez et remuez. Laissez cuire encore 5 minutes.

3 **Préchauffez** le four à 200 °C (th. 6-7). Déposez le contenu du wok dans un moule à gâteau ou dans des petis ramequins. Déroulez le rouleau de pâte brisée et découpez-y un cercle de la taille du moule, en comptant 1 cm de plus tout autour. Recouvrez les légumes avec ce cercle de pâte. Scellez bien le tout en pressant l'un sur l'autre les bords des deux cercles de pâte.

4 **Badigeonnez** le dessus de lait de soja à l'aide d'un pinceau ; enfournez pour 10 bonnes minutes, jusqu'à ce que la pâte dore.

Pour une version sans soja, remplacez le tofu et la crème de soja par de la crème d'avoine et des shiitakés.

Vegan et sans gluten

CURRY
de légumes d'hiver

Pour 4 personnes

Préparation : 20 min

Cuisson : 55 min

3 carottes

1 patate douce

2 poireaux (moyens)

150 g de champignons de Paris

1 oignon moyen

3 cm de gingembre frais

3 cm de curcuma frais

1 cuil. à café de coriandre moulue (ou en grains) selon le goût

2 cuil. à soupe d'huile d'olive bio

60 ml d'eau de source

1 boîte de lait de coco bio (400 ml)

100 g de pois chiches en bocal

gros sel gris

1 **Faites revenir** dans un faitout l'oignon coupé finement avec l'huile.

2 **Ajoutez,** hors du feu, la patate douce coupée en fines frites avec l'eau de source et poursuivez la cuisson 10 minutes à feu doux.

3 **Coupez** en rondelles les carottes, les poireaux et les champignons. Râpez le gingembre et le curcuma après les avoir épluchés.

4 **Incorporez** les légumes, les épices et le reste des ingrédients, et mélangez bien. Le lait de coco va fondre très vite.

5 **Poursuivez** la cuisson 40 minutes à feu doux en remuant régulièrement. Les carottes doivent être tendres sous la lame d'un couteau.

Servez ce curry tel quel ou accompagné d'un bol de riz complet.

Vegan

BRUSCHETTA
aux champignons

Pour 2 personnes

Préparation : 15 min

Cuisson : 5 min

2 belles tranches de pain de campagne au levain

250 g de champignons de Paris

1 cuil. à soupe d'huile d'olive + un peu pour le pain

100 g de mâche

Pour l'assaisonnement :

1/2 cuil. à soupe de vinaigre de riz

1 cuil. à soupe d'huile de colza

1 cuil. à soupe d'huile d'olive

1/2 cuil. à soupe de jus de citron

1 grosse pincée de sel

1 petite échalote

1 **Lavez et émincez** les champignons ; faites-les revenir dans une poêle avec l'huile d'olive pendant 5 minutes (ou jusqu'à ce qu'ils aient réduit).

2 **Lavez et coupez** le bout dur des tiges de la mâche. Préparez l'assaisonnement dans un saladier en mélangeant tous les ingrédients ; ajoutez la mâche.

3 **Passez** au grille-pain les tranches de pain l'une après l'autre, puis arrosez-les d'un filet d'huile d'olive.

4 **Disposez** sur chaque tartine un peu de salade de mâche et la moitié des champignons. Salez si nécessaire.

5 **Servez** les bruschettas accompagnées du restant de mâche.

Parfait pour un repas équilibré
pris sur le pouce !

Sans gluten

GALETTES
de sarrasin

Pour 3 ou 4 personnes

Préparation : 20 min

Cuisson : 30 min

Repos : 1 h

Pour la pâte :

250 g de farine de sarrasin bio

1 œuf

1/2 cuil. à café de sel

Pour la garniture :

450 g de poireaux

60 g d'oignons

2 cuil. à soupe d'huile d'olive

emmental râpé

sel de Guérande

Notes :

1 **Mettez** dans un saladier la farine tamisée et le sel et formez un puits. Ajoutez l'œuf et mélangez en versant petit à petit 400 ml d'eau de source. Laissez reposer 1 petite heure. Si vous constatez que la pâte est trop épaisse, rajoutez un peu d'eau jusqu'à la consistance voulue.

2 **Faites cuire** les galettes à feu vif dans une poêle bien huilée, jusqu'à épuisement de la pâte. Réservez.

3 **Faites revenir** les oignons émincés dans une autre poêle huilée. Ajoutez-y les poireaux découpés en petits morceaux. Mélangez bien et laissez cuire à couvert et à feu moyen pendant 5 minutes, en surveillant la cuisson.

4 **Garnissez** chaque galette de sarrasin d'une portion de mélange poireaux-oignons, saupoudrez d'un peu de sel et d'emmental râpé avant de la plier. Repassez à la poêle 1 ou 2 minutes et servez chaud.

Pour gagner du temps, préparez la pâte la veille, ou achetez des galettes bio toutes faites !

Vegan et sans gluten

CHILI
sin carne

Pour 4 à 6 personnes

Préparation : 15 min

Cuisson : 40 min

800 g de haricots rouges en boîte

400 g de tomates pelées en boîte

250 g de tofu

1 carotte

1 oignon

120 ml de sauce tomate

3 cuil. à soupe (70 g) de concentré de tomates

2 gousses d'ail

2 cuil. à soupe d'huile d'olive

1 pincée de piment de Cayenne

2 cuil. à café bombées de cumin

2 feuilles de laurier

sel de Guérande

1 Émincez l'ail et l'oignon, coupez le tofu en dés. Faites-les revenir dans l'huile d'olive. Ajoutez la sauce tomate, les tomates pelées et le concentré, ainsi que les haricots rouges (lavés et égouttés) et la carotte coupée en petits dés.

2 Assaisonnez avec le cumin, le piment de Cayenne et le laurier ; salez.

3 Laissez mijoter durant 40 minutes environ, en remuant très régulièrement (la carotte doit être tendre). Retirez les feuilles de laurier en fin de cuisson. Servez bien chaud. Vous pouvez l'accompagner de riz ou de galettes de maïs.

Un plat qui « décoiffe » !

Sans gluten

GALETTES
de pommes de terre

Pour 2 personnes

Préparation : 15 min

Cuisson : 20 min

300 g de pommes de terre

1 petit oignon

1 branche de céleri (optionnel)

2 œufs

huile de coco vierge ou huile d'olive

sel de Guérande

1 **Épluchez, lavez** puis râpez les pommes de terre. Essorez-les bien dans un linge propre.

2 **Déposez-les** dans un saladier et ajoutez-y l'oignon et le céleri, coupés finement, avec les œufs et le sel. Mélangez vigoureusement, puis divisez la préparation en 4 parts.

3 **Faites revenir** un peu d'huile de coco dans une poêle et déposez une part de pommes de terre râpées. Tassez légèrement pour former une galette et faites-la cuire 2 ou 3 minutes sur chaque face. Aidez-vous d'une assiette pour la retourner. Procédez ainsi pour les galettes restantes.

Délicieux avec une salade d'endives !

Notes : ....

....

....

BRICKS
de poireaux et champignons

Pour 2 personnes

Préparation : 15 min

Cuisson : 20 min

300 g de champignons

2 poireaux (300 g)

1 oignon

6 feuilles de brick

2 cuil. à soupe d'huile d'olive

2 cuil. à soupe de parmesan

sel de Guérande

Notes :

1 Émincez les poireaux et l'oignon. Lavez les champignons et coupez-les en lamelles.

2 Faites revenir l'oignon dans l'huile ; ajoutez-y les poireaux et les champignons et faites cuire à couvert à feu moyen, pendant 5 minutes. Ôtez le couvercle et continuez la cuisson pendant encore 5 minutes.

3 Ajoutez, hors du feu, le parmesan à la préparation, salez et réservez. Préchauffez le four à 175 °C (th. 6).

4 Déposez un sixième de cette préparation au centre de chaque feuille de brick, puis pliez le tout en triangle. Enfournez les bricks pour 10 minutes environ.

*Pour une version **vegan**, remplacez le parmesan par du **fromage végétal** ou du **tofu fumé** !*

FALAFEL

Pour 2 ou 3 personnes

Préparation : 15 min

Cuisson : 10 min

200 g de pois chiches bio en bocal

2 cuil. à café de coriandre en feuilles

1 petit oignon blanc (50 g)

1 cuil. à soupe de jus de citron

1 cuil. à soupe bombée de tahin (purée de sésame)

1 cuil. à soupe de farine de pois chiches

huile d'olive

1/4 cuil. à café de sel de Guérande

Notes : ______________________

____

____

1 Mixez tous les ingrédients dans un mixeur, sauf les pois chiches et l'huile d'olive.

2 Ajoutez peu à peu les pois chiches égouttés tout en continuant à mixer. Le résultat n'a pas besoin d'être parfaitement homogène.

3 Formez des boules dans le creux de la main et aplatissez-les un peu. Dans une poêle huilée, faites cuire les falafels 2 minutes sur chaque face. Servez avec une salade et/ou une sauce au yaourt.

Vous pouvez enrober ces falafels de graines de sésame avant la cuisson !

Sans gluten

POMMES de terre au four

Pour 2 à 4 personnes
Préparation : 15 min
Cuisson : 50 min

4 pommes de terre
100 g de gouda
huile d'olive
sel de Guérande

1 Préchauffez le four à 200 °C (th. 6-7). Épluchez, lavez et essuyez bien les pommes de terre. Coupez-les en très fines lamelles dans le sens de la largeur, sans aller jusqu'au bout. Déposez-les dans un plat et arrosez d'un filet d'huile et de sel.

2 Intercalez 1 tranche de gouda toutes les 3 ou 4 lamelles. Enfournez pour 40 à 50 minutes selon le four.

3 Servez ce plat chaud ou tiède accompagné d'une salade.

Choisissez des pommes de terre pas trop grosses pour qu'elles cuisent mieux !

Notes : ....

Vegan et sans gluten

DHAL de lentilles Beluga

Pour 4 personnes

Préparation : 15 min

Cuisson : 45 min

600 g de poireaux

300 g de carottes

huile d'olive

1 verre de lentilles noires Beluga

1/4 de cuil. à café de coriandre moulue

1/4 de cuil. à café de curcuma

1/4 de cuil. à café de cumin moulu

1/4 de cuil. à café de curry

2 cuil. à soupe d'huile de sésame ou d'olive + un peu pour la cuisson

1 cuil. à café de jus de citron

gros sel gris

1 Mettez les lentilles dans une casserole contenant 2 verres d'eau de source additionnée de gros sel. Portez à ébullition, puis continuez la cuisson, à couvert et à feu moyen, jusqu'à ce que les lentilles aient absorbé toute l'eau.

2 Ajoutez les 4 épices 10 minutes avant la fin de cuisson. Hors du feu, ajoutez l'huile et le jus de citron. Mélangez bien.

3 Coupez finement les poireaux et les carottes. Faites-les cuire dans 60 ml d'eau de source avec un filet d'huile d'olive, pendant une vingtaine de minutes.

4 Servez les lentilles et les légumes séparément ou ensemble.

La lentille est une source importante de **protéines** de qualité, de **fibres**, **magnésium**, **potassium** et **sélénium** !

Vegan

PESTO D'ÉPINARDS
pour accompagner vos pâtes

Pour 4 personnes

Préparation : 10 min

Pas de cuisson

100 g d'épinards

500 g de pâtes au petit épeautre

2 cuil. à soupe de parmesan râpé

1 petite échalote ou 1/2 gousse d'ail

1 cuil. à soupe de graines de tournesol

4 cuil. à soupe d'huile d'olive bio

1/2 cuil. à café de jus de citron

sel de Guérande

Notes :

1 Lavez soigneusement les épinards, séchez-les bien et ôtez les tiges centrales.

2 Placez dans un petit mixeur les épinards, le jus de citron, les graines de tournesol, le parmesan, l'échalote, la moitié de l'huile d'olive et le sel. Mixez. Ajoutez le reste de l'huile, rectifiez l'assaisonnement si nécessaire et mixez de nouveau.

3 Faites cuire les pâtes selon les indications portées sur l'emballage.

4 Servez le pesto d'épinards avec les pâtes et mélangez bien.

Ce pesto revisité apportera une touche de fraîcheur à vos plats.

Sans gluten

GRILLADE
de chou-fleur

Pour 2 personnes

Préparation : 10 min

Cuisson : 33 min

1 chou-fleur (500 g)

50 g d'emmental râpé bio

huile d'olive

1/2 cuil. à café de cumin

sel de Guérande

1 Lavez le chou-fleur et coupez-le en tranches de 1 cm d'épaisseur environ. Déposez-les sur une plaque recouverte de papier cuisson huilé.

2 Préchauffez le four à 150 °C (th. 5). Badigeonnez d'huile le dessus et le dessous des tranches de chou-fleur à l'aide d'un pinceau. Salez et enfournez pour 20 minutes.

3 Retournez les tranches et poursuivez la cuisson pendant 10 minutes. Le chou-fleur est cuit quand le pied se coupe aisément.

4 Saupoudrez de cumin et d'emmental râpé, et enfournez de nouveau pour 2 ou 3 minutes (le temps que le fromage fonde).

Ce plat se déguste accompagné d'une salade ou de légumes verts !

Notes :

Vegan

BUDDHA BOWL *d'hiver*

Pour 2 personnes

Préparation : 15 min

Cuisson : 25 min

1 verre d'amarante

2 carottes

1 betterave

150 g de maïs

125 g de seitan en tranches

2 poignées de salade de mâche

2 cuil. à café de sauce soja

4 cuil. à soupe d'huile d'olive

sel de Guérande

Notes : ....

1 **Faites cuire** l'amarante dans 1 verre d'eau de source pendant 20 minutes à feu moyen. L'amarante est cuite lorsqu'elle a absorbé toute l'eau.

2 **Râpez** les carottes et la betterave séparément.

3 **Coupez** le seitan en dés et faites-les cuire dans une poêle huilée pendant 2 ou 3 minutes en les remuant pour qu'ils soient dorés sur toutes les faces.

4 **Répartissez** tous les ingrédients dans 2 assiettes, arrosez chacune d'elles de 1 cuillerée à café de sauce soja et de 2 cuillerées à soupe d'huile ; mélangez bien et servez aussitôt.

Pour **plus de croustillant**, enrobez de **chapelure** les cubes de seitan avant la cuisson !

Sans gluten

ŒUFS à la tomate

Pour 2 personnes

Préparation : 5 min

Cuisson : 20 min

400 g de tomates pelées bio en boîte

1/2 oignon

3 œufs

huile d'olive

basilic

paprika (optionnel)

sel de Guérande

1 Faites revenir l'oignon dans une poêle avec l'huile. Ajoutez les tomates et écrasez-les à la fourchette. Salez et saupoudrez de basilic haché. Hors du feu, ajoutez du paprika. Mélangez bien et poursuivez la cuisson quelques minutes.

2 Cassez les œufs l'un après l'autre par-dessus les tomates dans la poêle. Couvrez et continuez la cuisson de 5 à 10 minutes selon votre goût. Servez avant que l'œuf ne refroidisse.

*Formez un **petit puits** avec le dos d'une louche pour déposer l'œuf dans les tomates !*

Notes : ....

....

....

POÊLÉE
de légumes d'automne & quinoa

Pour 2 personnes

Préparation : 20 min

Cuisson : 20 min

300 g de champignons

200 g de courge

250 g d'épinards

1 petit chou-fleur (300 g)

1/2 verre de quinoa

huile d'olive

crème de soja

cumin

gomasio

Notes :

1 Mettez le quinoa dans une casserole avec deux fois son volume d'eau bouillante ; laissez cuire à feu doux jusqu'à ce que les grains éclatent en libérant le germe et que toute l'eau ait été absorbée.

2 Détaillez le chou-fleur en petits bouquets et faites-les revenir dans une poêle avec un peu d'eau à feu moyen, pendant 10 ou 15 minutes (n'hésitez pas à rajouter un peu d'eau en cours de cuisson si nécessaire).

3 Faites revenir les champignons dans un peu d'huile d'olive pendant 4 minutes environ. Réservez. Procédez de même avec les épinards, après les avoir rincés et débarrassés de leur tige centrale.

4 Épluchez la courge et coupez-la en fines tranches ; faites-les revenir dans un peu d'eau pendant 5 minutes, jusqu'à ce que les tranches soient tendres sous la lame d'un couteau.

5 Assaisonnez les épinards de crème de soja et le chou-fleur de cumin. Réunissez tous les ingrédients. Servez, nappé d'huile d'olive et saupoudré de gomasio.

Riche en protéines,
le quinoa procure rapidement
un sentiment de satiété !

Sans gluten

TARTE
pommes de terre-endives

Pour 2 personnes

Préparation : 30 min

Cuisson : 40 min

400 g de pommes de terre

500 g d'endives

40 g de roquefort

2 œufs

3 cuil. à soupe de crème de soja

beurre végétal (en magasin bio)

sel de Guérande

Notes :

1 Épluchez et lavez les pommes de terre, puis coupez-les à l'aide d'une mandoline dans le sens de la longueur. Dans une grande poêle légèrement huilée, faites revenir les tranches de pommes de terre 1 ou 2 minutes de chaque côté (faites autant de poêlées que le nécessite la quantité de pommes de terre). Réservez.

2 Effeuillez chaque endive et faites blanchir toutes les feuilles pendant 1 minute dans de l'eau bouillante. Essorez-les soigneusement.

3 Préchauffez le four à 175 °C (th. 6). Dans un bol, mélangez les œufs avec 2 cuillerées à soupe de crème de soja ; salez. Chemisez un moule à tarte rectangulaire avec du papier cuisson. Étalez les feuilles d'endives dans le moule en les faisant se chevaucher dans le sens de la largeur. Procédez de même avec les tranches de pommes de terre.

4 Étalez la moitié de la préparation aux œufs sur toute la longueur. Parsemez de 15 g de roquefort. Faites de même pour la couche suivante. Sur la dernière couche, alternez les feuilles d'endives et les tranches de pommes de terre.

5 Recouvrez le tout avec 1 cuillerée à soupe de crème de soja, le roquefort restant et quelques noix de beurre végétal. Enfournez pour 30 minutes.

Cette « tarte sans pâte » vous fera apprécier les endives !

Sans gluten

BLACK & WHITE'S
rice et son wok de légumes

Pour 2 personnes

Préparation : 20 min

Cuisson : 45 min

1/2 verre de riz basmati (semi-complet)

1/2 verre de riz noir (riz nérone)

2 branches de céleri

2 carottes

1 brocoli (moyen)

125 g de tofu nature

1 1/2 cuil. à soupe d'huile d'olive + un peu pour le riz

2 cuil. à café de sauce soja

sel de Guérande

Notes :

1 **Faites cuire** chaque riz séparément dans 1 verre d'eau salée portée à ébullition. Comptez 20 minutes de cuisson pour le riz basmati et 45 minutes pour le Nérone.

2 **Épluchez** les carottes et coupez-les en rondelles. Lavez le céleri et le brocoli ; coupez le céleri en tronçons et gardez la partie haute du brocoli.

3 **Mettez** tous les légumes dans un wok avec un fond d'eau et faites cuire 15 minutes environ. Les légumes doivent être tendres.

4 **Coupez** le tofu en petits cubes et faites-le revenir 5 minutes dans l'huile d'olive. Hors du feu, ajoutez la sauce soja.

5 **Servez** les riz (nappés d'un filet d'huile d'olive), les légumes et le soja.

*La couleur naturelle, **noir grenat**, du riz Nérone provient de **pigments** antioxydants également présents dans la **myrtille** !*

PURÉE
de courge-panais à l'huile de courge

Pour 2 personnes

Préparation : 20 min

Cuisson : 25 min

1 kg de courge musquée

300 g de panais

1 cuil. à café d'huile de pépins de courge grillés bio

sel de Guérande

1 Épluchez et épépinez la courge ; coupez-la en dés et faites-les cuire dans de l'eau salée pendant 10 minutes.

2 Épluchez le panais et coupez-le en petits morceaux ; ajoutez-les à la courge et continuez la cuisson pendant 15 minutes (les légumes doivent être tendres sous la lame du couteau).

3 Égouttez les légumes (n'hésitez pas à presser la courge pour la faire dégorger). Réduisez-les en purée en les écrasant à la fourchette ou au moulin. Disposez la purée dans un plat, arrosez-la d'huile de pépins de courge et salez.

Le panais est un légume racine riche en ***protéines*** *et* ***alcalinisant*** *(non acide) !*

Notes : ....

Vegan

MINI CHAUSSONS

aux pommes

Pour 4 ou 5 personnes

Préparation : 25 min

Cuisson : 35 min

Pour la compote de pommes maison :

480 g de pommes

2 cuil. à soupe de sucre de canne

1 pincée de cannelle

Pour les chaussons :

1 pâte feuilletée (sans beurre)

1/2 cuil. à soupe de lait végétal (soja ou autre)

Notes : ....

1 **Épluchez** les pommes et coupez-les en dés. Faites-les cuire à feu doux dans une casserole avec le sucre et 3 cuillerées à soupe d'eau. Lorsqu'elles sont ramollies, retirez-les du feu. Ajoutez la cannelle et laissez refroidir la compote. Selon votre goût, vous pouvez également la mouliner.

2 **Étalez** la pâte feuilletée. Avec un verre à moutarde, découpez des ronds et déposez-les sur une plaque recouverte de papier cuisson. Humidifiez les bords de chaque cercle avec un peu d'eau. Déposez 1 ou 2 cuillerées à café de compote sur la moitié de chaque cercle, repliez l'autre moitié par-dessus et fermez le chausson en scellant les bords à l'aide d'une fourchette.

3 **Préchauffez** le four à 200 °C (th. 6-7). À l'aide d'un pinceau, badigeonnez tous les chaussons de lait végétal. Avec la pointe d'un couteau, dessinez des petits traits sur la surface de chaque chausson.

4 **Enfournez** pour 20 minutes environ, en baissant la température du four à 175 °C (th. 6). Dès que les chaussons sont dorés, sortez-les du four et laissez-les refroidir.

Pour un goût intense,
choisissez des pommes
bien sucrées !

Vegan

MILK-SHAKE
goût noisette

Pour 1 personne

Préparation : 10 min

Pas de cuisson

2 bananes congelées en rondelles

1 cuil. à soupe de chicorée instantanée bio

220 ml de lait de noisette

1 cuil. à soupe de sirop d'agave

quelques glaçons

1 Sortez les bananes du congélateur 10 minutes avant la préparation. Diluez la chicorée dans un peu de lait de noisette.

2 Mixez tous les ingrédients (sauf les glaçons).

3 Déposez quelques glaçons au fond du verre et versez le milk-shake par-dessus. Dégustez immédiatement.

Pas de bananes congelées ? Mettez un peu plus de glaçons !

Notes : ....

Sans gluten

FRAISES
déguisées choco-coco

Pour 2 personnes
Préparation : 5 min
Cuisson : 5 min

10 fraises (de belle taille)
20 g de chocolat au lait
20 g de chocolat noir
noix de coco râpée

1 Lavez les fraises, sans les équeuter. Cassez en morceaux les chocolats, faites-les fondre au bain-marie, puis retirez du feu. Versez la noix de coco râpée dans un bol.

2 Plongez chaque fraise aux deux tiers, l'une après l'autre, dans le chocolat fondu, puis dans la noix de coco râpée. Déposez les fraises déguisées au fur et à mesure sur une assiette, et dégustez sans attendre.

*À la place de la noix de coco, essayez la **fève tonka** râpée et son goût subtil de **vanille-caramel** !*

Notes :

COOKIES
moelleux aux 2 chocolats

Pour 6 personnes

Préparation : 20 min

Cuisson : 20 min

Repos : 1 h

250 g de farine

100 g de sucre de canne blond

50 g de sucre rapadura

140 g de beurre végétal (en magasin bio)

100 g de chocolat noir

100 g de chocolat au lait

1 œuf

1/2 cuil. à café de vanille

1/2 cuil. à café de bicarbonate

1/4 cuil. à café de sel de Guérande

1 Hachez grossièrement les chocolats et réservez. Mélangez dans un saladier les sucres avec le beurre ramolli. Ajoutez la vanille et l'œuf et remuez vigoureusement.

2 Mélangez la farine tamisée, le sel et le bicarbonate dans un autre récipient. Incorporez la moitié du mélange sec dans le premier saladier et mélangez bien.

3 Ajoutez en alternance le chocolat haché et le reste de farine, tout en remuant bien à chaque ajout, jusqu'à épuisement des ingrédients. Placez au réfrigérateur pendant 1 heure minimum.

4 Préchauffez le four à 175 °C (th. 6). Recouvrez de papier cuisson une plaque allant au four. Sortez la pâte du réfrigérateur et formez des boules de taille moyenne (40 g environ) dans le creux de la main. Disposez-les au fur et à mesure sur la plaque en les aplatissant légèrement et en les espaçant suffisamment.

5 Lorsque la plaque est remplie, enfournez-la pour 8 à 10 minutes. Sortez les cookies du four lorsque le contour commence à foncer légèrement. Renouvelez l'opération jusqu'à ce qu'il n'y ait plus de pâte. Avant de déguster les cookies, laissez-les bien refroidir sur le papier de cuisson : ils garderont tout leur moelleux.

À déguster le jour même
pour un moelleux extrême !

Sans gluten

MOUSSE *tout chocolat !*

Pour 4 à 6 personnes

Préparation : 20 min

Cuisson : 5 min

Réfrigération : 2 h

100 g de chocolat noir à 55 % minimum + 40 g

60 ml de crème de soja

2 œufs (2 jaunes + 2 blancs)

2 cuil. à soupe de sirop d'agave

1 pincée de sel de Guérande

Notes : ....

1 Cassez grossièrement 100 g de chocolat et mettez-le dans un récipient allant au bain-marie avec la crème de soja. Faites-le fondre au bain-marie ; surveillez la cuisson, remuez bien le mélange et retirez-le du feu dès qu'il est homogène.

2 Cassez les œufs en séparant les blancs des jaunes ; incorporez délicatement les jaunes, un à un, au chocolat fondu ; mélangez bien après chaque ajout. Faites de même avec le sirop d'agave (augmentez-en la quantité si le chocolat est très corsé).

3 Montez les blancs d'œufs en neige avec le sel (ils doivent être bien fermes). Incorporez-les délicatement à la préparation au chocolat. Pour plus de croquant, hachez grossièrement le chocolat restant et ajoutez-le à la mousse.

4 Répartissez la mousse dans des ramequins ou laissez-la dans le saladier. Recouvrez d'un film alimentaire et placez au freezer pour 2 heures minimum. Sortez la mousse 10 minutes avant de servir.

Pour les fondus de chocolat,
saupoudrez la mousse
de quelques copeaux
de chocolat !

GÂTEAU
simplissime pomme-choco

Pour 6 à 8 personnes

Préparation : 20 min

Cuisson : 35 min

1 pot de yaourt de brebis bio

3 pots de farine bio

1 pot de sucre de canne blond

2 œufs bio

2 petites pommes

70 g de chocolat noir

3/4 de pot d'huile d'olive + un peu pour le moule

1 sachet de levure bio

1/4 cuil. à café de vanille en poudre (optionnel)

Notes : ....

....

....

1 Versez le yaourt dans un saladier (gardez le pot pour l'utiliser comme unité de mesure). Ajoutez la farine, la levure, le sucre, la vanille et formez un puits pour y mettre les œufs. Délayez le tout en en ajoutant l'huile petit à petit.

2 Préchauffez le four à 175 °C (th. 6). Épluchez et coupez les pommes en petits cubes, et cassez le chocolat grossièrement au couteau. Incorporez le tout à la préparation. Remuez bien.

3 Huilez un moule à cake et versez-y la pâte. Enfournez pour 35 minutes environ ; assurez-vous de la cuisson en enfonçant une lame de couteau au centre du gâteau : elle doit ressortir propre. Laissez refroidir avant de démouler.

Pour gagner du temps, utilisez des pépites de chocolat !

TARTE
rustique de fin d'été

Pour 4 personnes

Préparation : 15 min

Cuisson : 40 min

1 pâte brisée bio

1 cuil. à soupe de poudre d'amandes

380 g de pêches blanches

60 g de prunes

60 g de mirabelles

2 cuil. à soupe de sucre de canne blond

1/4 de cuil. à café de vanille en poudre

1 cuil. à soupe de lait végétal (soja ou amandes, etc.)

1 cuil. à café de sirop d'agave

Notes : ....

1 Nettoyez les fruits, dénoyautez-les et coupez-les en quartiers. Sortez la pâte brisée du réfrigérateur (elle doit être bien froide) et étalez-la sur une plaque de cuisson. Préchauffez le four à 175 °C (th. 6).

2 Étalez uniformément la poudre d'amandes sur la pâte, en laissant une marge d'au moins 5 cm sur tout le pourtour. Disposez d'abord les quartiers de pêches en partant du contour extérieur (sans toucher à la marge), et en allant vers le centre. Continuez avec les prunes, puis les mirabelles, toujours de l'extérieur vers le centre, jusqu'à ce que toute la pâte (moins la marge) soit recouverte de fruits.

3 Mélangez le sucre de canne et la vanille en poudre ; saupoudrez-en les fruits. Rabattez les marges de la pâte sur les pêches. Veillez à bien appuyer sur les rebords pour qu'ils ne se déforment pas pendant la cuisson.

4 Mélangez le lait végétal avec le sirop d'agave dans un petit récipient. Étalez la préparation à l'aide d'un pinceau sur les rebords de la tarte. Enfournez pour 35 à 40 minutes. Cette tarte se déguste tiède ou froide.

Tarte à l'aspect rustique,
facile à réaliser et idéale
pour consommer des fruits gorgés
du dernier soleil estival !

SALADE
de fruits d'hiver

Pour 4 personnes

Préparation : 15 min

Repos : 15 min

Pas de cuisson

1 pomme

1 poire

1 belle orange

1 clémentine

1 banane

1 kiwi

10 ml d'eau de fleur d'oranger

1/8 cuil. à café rase de cannelle

1 cuil. à café de sucre de coco fin

Notes : ....

....

....

1 Lavez la pomme et la poire ; coupez-les en dés. Épluchez l'orange et la clémentine, détaillez les quartiers et coupez-les en deux ou en trois selon la taille. Épluchez le kiwi et coupez-le en rondelles, puis en quatre. Épluchez et coupez la banane en rondelles.

2 Déposez tous les fruits dans un saladier ; versez par-dessus la fleur d'oranger, la cannelle et le sucre de coco ; mélangez bien.

3 Laissez reposer au moins 15 minutes avant de servir.

*La fleur d'oranger est un bon **antistress** naturel et son parfum subtil ravira tous les palais.*

Vegan

RIZ au lait

Pour 4 personnes

Préparation : 5 min

Cuisson : 40 min

200 g de riz rond

1 l de lait de soja à la vanille

8 cuil. à soupe de sucre de canne blond

2 cuil. à café de vanille Bourbon en poudre

1 **Portez à ébullition** le lait de soja et la vanille en poudre. Rincez le riz et ajoutez-le dans la casserole avec le sucre.

2 **Laissez cuire** 30 minutes environ à feu doux, à couvert. Retirez le riz du feu lorsqu'il a absorbé complètement le lait. Laissez tiédir avant de servir.

À déguster avec des petits morceaux de spéculoos émiettés !

Notes :

YAOURT
à la caroube

Pour 1 personne

Préparation : 5 min

Pas de cuisson

170 g de yaourt de soja nature

2 cuil. à café de caroube

1 1/2 cuil. à soupe de sucre de canne blond

Notes : ....

....

....

1 **Ajoutez** au yaourt de soja nature, la caroube et le sucre de canne.

2 **Mélangez** le tout et dégustez aussitôt.

La caroube est riche en fibres !

1 TEASPOON
(5.0 ML)

COFFEE CAKE
à la rhubarbe

Pour 6 à 8 personnes

Préparation : 20 min

Cuisson : 35 à 40 min

300 g de rhubarbe

200 g de farine T65

120 g de beurre végétal (en magasin bio) + un peu pour le moule

100 g de sucre de canne blond + 2 cuil. à soupe

75 g de sucre rapadura

1 yaourt de brebis

1 œuf

1 cuil. à café de bicarbonate alimentaire

1 pincée de sel

1/2 cuil. à café de vanille en poudre

2 gousses de cardamome

1 Préchauffez le four à 175 °C (th. 6). Beurrez ou huilez un moule à manqué de 25 cm de diamètre. Coupez la rhubarbe en rondelles et réservez. (Optionnel : pour le décor, gardez une petite branche de rhubarbe et coupez-la en tronçons de 5 cm.)

2 Récupérez les petites graines de cardamome en ouvrant leur capsule et écrasez-les légèrement dans un mortier (pour préserver leur goût, ne les broyez pas complètement).

3 Placez le beurre végétal ramolli et les sucres dans un saladier. Remuez bien pour obtenir un mélange onctueux. Ajoutez l'œuf, la vanille et la cardamome. Mélangez la farine tamisée avec le sel et le bicarbonate dans un autre récipient.

4 Mélangez les contenus des 2 saladiers ; incorporez-y le yaourt et les rondelles de rhubarbe ; remuez bien le tout, puis versez cette pâte dans le moule à manqué. Si vous avez réservé des tronçons de rhubarbe, disposez-les en étoile (sans les enfoncer) sur le dessus du gâteau.

5 Saupoudrez 2 cuillerées à soupe de sucre blond sur toute la surface du gâteau, pour obtenir une fine couche croquante en fin de cuisson. Enfournez pour 35 ou 40 minutes. Laissez bien refroidir avant de déguster.

Plus la rhubarbe est rouge,
plus elle est acide !

CRÊPES
à la fleur d'oranger

Pour 4 personnes

Préparation : 10 min

Cuisson : 20 min

Repos : 1 h

250 g de farine T65

400 ml de lait de soja vanille

35 g de sucre de canne blond

1 œuf bio

3 cuil. à soupe d'huile d'olive + un peu pour la poêle

2 cuil. à café de fleur d'oranger

1/4 de cuil. à café de sel de Guérande

Notes : ....

1 **Tamisez** la farine dans un saladier ; ajoutez le sucre et le sel ; remuez. Formez un puits, versez-y l'eau de fleur d'oranger, l'huile et l'œuf puis mélangez.

2 **Ajoutez** le lait de soja petit à petit en remuant à l'aide d'un fouet manuel, jusqu'à obtention d'une pâte fluide. Laissez reposer 1 heure. Au bout de ce temps, si la pâte est trop épaisse, diluez-la avec un peu d'eau.

3 **Préchauffez** une poêle bien huilée ; à l'aide d'une louche, versez une petite quantité de pâte et étalez-la rapidement dans la poêle en la faisant tourner. Dès que les bords commencent à dorer, retournez la crêpe à l'aide d'une spatule et laissez de nouveau cuire 1 petite minute.

4 **Renouvelez** l'opération jusqu'à épuisement de la pâte. Dégustez aussitôt.

*Promis : ces crêpes sont **inratables**, même la **première** !*

MESURES *utiles*

1 NOISETTE DE BEURRE =
4
grammes

1 NOIX DE BEURRE =
15
grammes

1 CUILLÈRE À SOUPE

= **15** grammes de sucre, farine ou beurre

= **12** grammes de crème fraîche ou huile

= **3** cl de liquide

= **3** cuillères à café

1 CUILLÈRE À CAFÉ

= **5** grammes de sel, sucre ou beurre

= **7** grammes de beurre

= **0.5** cl de liquide

= **5** grammes de farine ou de semoule

1 PINCÉE DE SEL =
0.3 à **0.5**
grammes

1 MORCEAU DE SUCRE =
5
grammes

Économat

Dans le placard

Sels (sel fin, gros sel, fleur de sel, sels aromatisés) et poivres (noir ou exotique)

Huiles de goût neutre (maïs, tournesol, colza) ou parfumées (olive, noix…)

Vinaigres (blanc, rouge, balsamique, de xérès, de cidre…)

Lait (entier, allégé ou écrémé)

Crème liquide

Sucres (sucre semoule blanc ou roux, sucre glace)

Sauces asiatiques (soja, hoisin, teriyaki…)

Farine

Levure chimique

Cacao en poudre

Plaquettes de chocolat

Aides culinaires : bouillons et courts-bouillons déshydratés en cubes et en tablettes, gelée alimentaire en feuilles ou en poudre, fonds de veau ou de volaille, Maïzena®

Vanille (extrait ou gousse)

Riz, pâtes, semoules et céréales

Herbes

Épices

Fruits secs

Graines (sésame, lin, tournesol…)

Tomates en conserve

Ail, échalote, oignons et pommes de terre

Température du four

Thermostat	Température approximative
1	**30 °C** (à peine tiède)
2	**60 °C** (tiède)
3	**90 °C** (chaleur très douce)
4	**120 °C** (chaleur douce)
5	**150 °C** (chaleur modérée)
6	**180 °C** (chaleur moyenne)
7	**210 °C** (assez chaud)
8	**240 °C** (chaud)
9	**270 °C** (très chaud)
10	**300 °C** (chaleur vive)

Dans le réfrigérateur

Œufs

Beurre

Pâtes prêtes à l'emploi

Moutardes

Herbes fraîches

Gruyère et parmesan râpé

Super pratique !

Dans le congélateur

Herbes

Plats cuisinés

Légumes

TABLE des RECETTES

Les plats cocooning

Les desserts

INDEX

Photographies et stylisme :
Ingrid Bernard

Retrouvez Ingrid Bernard sur biduleetcocotte.com
et instagram.com / biduleandcocotte

Directeur éditorial : Didier Férat
Graphisme et conception : Julia Philipps
Fabrication : Laurence Duboscq
Photograveur : Nord compo

Solar | un département **place des éditeurs**

place
des
éditeurs

ISBN : 978-2-263-14629-9
Code éditeur : S14629
Dépôt légal : octobre 2016
Achevé d'imprimer en France par Imprimerie de Champagne